尼山丛书
中华蒙学经典音注

孔祥安　武宁　主编

dà shēng dú jīng diǎn

大声读经典

五(wǔ)字(zì)鉴(jiàn)

武宁／校注

济南出版社

汉唐书局

图书在版编目（CIP）数据

五字鉴 / 武宁校注. -- 济南 : 济南出版社，2025.
1. -- (大声读经典). -- ISBN 978-7-5488-6734-0

Ⅰ. H194.1

中国国家版本馆CIP数据核字第2024C668N1号

五字鉴

武 宁 校注

出 版 人 谢金岭
出版统筹 冀瑞雪
责任编辑 孙育臣 张子涵
装帧设计 王铭基

出版发行 济南出版社
地 址 山东省济南市二环南路 1 号（250002）
总 编 室 0531-86131715
印 刷 山东成信彩印有限公司
版 次 2025 年 1 月第 1 版
印 次 2025 年 1 月第 1 次印刷
开 本 185mm × 260mm 16 开
印 张 6.75
字 数 91 千字
书 号 ISBN 978-7-5488-6734-0
定 价 19.80 元

如有印装质量问题 请与出版社出版部联系调换
电话：0531-86131736

中华蒙学经典音注丛书编委会

本书校注　武　宁

扫码获取

AI 伴学领读员

- 经典朗读书
- 拼音识字课
- 蒙学云书苑

总序

蒙学，一般是指中国古代社会对15岁以下儿童进行的启蒙教育，目的是启迪蒙童、增长知识、提升修养。此外，对蒙学的解释还有两种：一是指蒙童教育的机构、场所，如传统社会的“蒙馆”“私塾”等；二是指蒙学教材，历史上产生并流传下来的各类启蒙读物，如《三字经》《百家姓》等。

“玉不琢，不成器；人不学，不知义。”中国古代先哲十分重视教育，认为实现国家的稳定发展、繁荣富强，首要任务便是抓好教育，尤其要做好少儿的启蒙教育。孔子作为中国古代最伟大的教育家，首创私学，打破了学在官府的教育垄断，让广大平民子弟有了接受教育的机会；同时他提出“性相近也，习相远也”的教育观点，强调蒙童受教育的重要性和必要性。他认为人的天性没有多大差别，只因个体学习教育的不同，才出现了差异。古人云，“时过然后学，则勤苦而难成”。一个人如果错过学习的最佳时机，学起来不但会很劳苦，而且不易有所成就。那么，无论是社会教育还是个体学习，都应把握住蒙童这一人生的“关键期”。南北朝时期的文学家、教育家颜之推在《颜氏家训》中说：“吾七岁时，诵《灵光殿赋》，至于今日，十年一理，犹不遗忘；二十之外，所诵经书，一月废置，便至荒芜矣。”他用自己的读书实践与切身体会，证明了早期教育的重要性。宋代大儒朱熹通过研究古代蒙学教育提出“蒙养弗端，长益浮靡”的观点，认为在儿童时期如果没有打好修养身心的基础，长大以后再弥补就很困难了。他在《大学章句序》中说：“人生八岁，则自王公以下，至于庶人之子弟，皆入小学，而教之洒扫、应对、进退之节，礼乐、射御、书数之文；及其十有五年，则自天子之元子、众子，以至公、卿、大夫、元士之适子，与凡民之俊秀，皆入大学，而教之以穷理、正心、修己、治人之道。”这里所说的“小学”，也就是一般意义上的蒙学。其实，对于条件比较殷实的家庭来说，其子弟三岁左右就开始进行蒙学教育；对于帝王子弟以及官宦之家的子弟来说，接受启蒙教育会更早些，接受教育的程度会更高。这就是史书所记载的儿童出生后就开始“保傅之教”，八岁以后则会“出就外傅”。

中国古代蒙学教育历史悠久、源远流长，早在殷周时期的帝王以及贵族子弟就已经接受启蒙教育了。传统蒙学教育经过秦汉、隋唐等时期的不断发展，教学内容、教材编写、教学方法等蒙学体系日趋成熟。迨至宋代，蒙学教育迎来了前所未有的发展，并对此后明清的蒙学教育产生了很大推动与影响。从蒙学教材的发展来看，主要分四个阶段：一是秦汉——蒙学教材的发端时期。这时的蒙学读本以识字为主，辅以品德教育，如秦李斯的《仓颉篇》、汉史游的《急就篇》等。二是魏晋南北朝、隋唐——蒙学教材的发展时期。蒙学读物数量、种类明显增多，不仅产生了周兴嗣编写且影响至今的识字教材《千字文》，还出现了知识和思想教育类教材，以及唐代李翰编撰的典故类蒙学教材《蒙求》等。三是宋明至清中叶——新编蒙学教材的涌现时期。因受科举制度与学校教育的影响，这一时期出现了大量新编蒙学教材，从以传统识字为主，开始转向伦理道德与音韵教育，如伦理道德教材《增广贤文》、诗歌音韵教材《千家诗》、典故类教材《龙文鞭影》等。四是清中叶后——改编和续编蒙学教材的延续时期。对部分传统蒙学教材进行改编、校订或者增加部分内容，有的则予以续编，如改编的《三字经》《百家姓》等，又如续编的《龙文鞭影二集》等。传统蒙学教材的发展可谓中国古代蒙学教育的一个缩影，虽有一定局限性，但基本上反映与体现了传统蒙学教育不断发展与成熟的过程。

传统蒙学教材又称小儿书、蒙养书，是中国古代社会专门为学童编撰或编选的启蒙读物，主要用于小学、私塾、书馆以及家庭对儿童进行启蒙教育。传统蒙学教材大多由不同时代学识渊博的大儒或者知识分子编撰，也有部分是由一些民间宿儒或致仕还乡的有识之士编写整理。传统蒙学教材内容极其丰富，包含识字写字、待人接物、为人处世、修养身心、历史典故等各个方面的文化知识和人文精神，采用韵语、歌诗、对偶等形式，将文化知识与人文精神通俗化、大众化、实用化，让学童读之朗朗上口，易于阅读、背诵和理解；同时还用讲故事的方式启迪教育蒙童，将大道理寓于小故事之中，如《三字经》中的孟母三迁、九龄温席、孔融让梨等传统小故事，不仅增强了蒙童的阅读兴趣，而且可以使蒙童增长知识、明晓事理。

传统蒙学教材一般具有三项功能：一是识字、写字。一般先让蒙童集中识字，为日后阅读文章奠定基础，同时让蒙童用毛笔临摹字帖写字，练习书法，为今后写文章打牢基础。二是读书、做人。蒙童在认识掌握一定数量字词的基础上，通过无数遍的诵读乃至背诵各类蒙学读本，以掌握更多文化知识；同时给予"明人伦"的启蒙，对蒙童进行孝、悌、忠、信、礼、义、廉、耻等伦理观念以及礼仪规范的启蒙教育，以促进个体道德修养的不断提升。三是习韵、作对。通过对声韵格律的启蒙学习，初步掌握作对的技巧，为以后创作诗词、写作文章做好铺垫，为将来步入"大学"学习儒家经典乃至科举考试打下坚实基础。其实，蒙学教育主要以诵读、背诵为主，发挥蒙童记忆力强的优势，追求多积累知识；同时鉴于蒙童理解力差的实际情况，不强调老师指导理解意义，主要是依靠蒙童自己对所学知识进行理解与感悟，讲求"书读百遍，其义自见"。传统解经是十五岁以后的事情，也就是入"大学"以后，在老师指导帮助下理解经义。

"蒙以养正，圣功也。"对蒙童进行启蒙教育，培养纯正无邪的品质，让其摆脱蒙昧，树立人生志向，养浩然正气，走人生正道，这是成就圣人的功业。历代先哲十分重视"蒙以养正"，强调对蒙童进行早期品德教育引导，不仅将其作为蒙童教育的重要经验，而且奉为历代教育的圭臬。如宋代大儒张载认为"蒙以养正"可以"使蒙者不失其正"，又如元代许衡认为蒙童"如不克习于小学，则无以收其放心，养其德性"，这都是在强调对蒙童应做好"明人伦"的启蒙教育，做好文明礼让、崇德向善的道德启蒙，早早地在幼童的心灵深处埋下一颗善的种子。俗话说："三岁看大，七岁看老。"这是人们长期以来所形成的一个共识，恰恰也表明了人们对"蒙以养正"这一问题的高度重视。正如《三字经》开头就讲："人之初，性本善。性相近，习相远。"其实，蒙童养正包括正言、正行、正心等日常礼仪、道德修养的诸多方面，其丰富庞杂的内容都在传统蒙学读物之中。如《增广贤文》中的"责人之心责己，恕己之心恕人""用心计较般般错，退步思量事事宽"，《弟子规》中的"凡出言，信为先""话说多，不如少。惟其是，勿佞巧"等。

习近平总书记强调："人生的扣子从一开始就要扣好。"少年儿童是祖国的未来与希望，只有扣好人生的第一颗扣子、走好人生的第一步，成为一个德才兼备的人，才能肩负起祖国的未来与希望，实现中华民族伟大复兴的中国梦。我们从诸多传统蒙学教材中选取了11部具有典范性且影响较大的蒙学读本，设8个分册，分识字、做人、韵对、典故4个模块，汇编成"中华蒙学经典音注丛书"，目的就是落实习总书记的指示精神，让当今儿童通过尽早阅读传统经典启蒙读物，增长文化知识、了解历史人物故事，为促进身心修养提供有益的帮助与支持。但是也应清楚看到，传统蒙书中有个别描写封建迷信、违背人伦等的思想内容，儿童需在老师、家长的正确引导下，予以彻底摒弃。

本丛书在音注编写过程中，参考了古今学者的大量研究成果，特表谢忱！本丛书若有不当之处，请不吝赐教！

孔祥安

2024年2月

目 录

导言

鉴，犹镜也，观照而自省焉。“以铜为镜，可正衣冠；以古为鉴，可知兴替。”《资治通鉴》即因宋神宗赞以“鉴于往事，有资于治道”而得名。所谓《五字鉴》，就是以五言韵语写成的纪传体历史读本。

《五字鉴》，通行本称《鉴略妥注》。关于作者，旧本均注为“明内阁九我李廷机先生手著，翰院二水张瑞图先生校正，梧冈邹圣脉原订”。按此说法，我们今天看到的《五字鉴》，应该是在李廷机原著的基础之上，又增添了清代邹圣脉补订的内容。

李廷机，字尔张，号九我，明嘉靖二十一年（1542年）生，福建晋江新门外浮桥（今福建泉州）人。李廷机一生充满传奇色彩，隆庆四年（1570年）顺天乡试第一（解元），万历十一年（1583年）会试第一（会元）、殿试第二（榜眼），差点“连中三元”后，最后官至礼部尚书兼东阁大学士。《明史》称“廷机遇事有执，尤廉洁”，为官以“清、慎、勤”著称。奈何他生不逢时，遇到了史上最“懒”皇帝——万历，其在位四十八年居然有近三十年不上朝。空有一身抱负却无法施展的李廷机又受到东林党争的迫害，心灰意冷的他决定辞官回家，于是开始给皇帝写辞官信。没想到皇帝却懒到连辞官信也不看，李廷机为了表达辞官的决心，卖掉了自己在京城的房子，把妻儿送回老家，自己则搬进一座破庙继续写辞官信。他在庙宇一住就是五年，辞官信也写了足足一百二十余封，也因此被戏称为“庙祝阁老”。可最终皇帝那边还是没下文，他索性也不等皇帝批准，直接回福建老家了。四年后，李廷机在福建病逝，万历皇帝赐赠他“少保”头衔，谥号“文节”。他也成为史上辞官信写得最多的宰相。也正是因为李廷机的传奇经历，使得《五字鉴》是否为他所写至今存疑。关于李廷机作《五字鉴》一事，史书未见确凿记载，而历代书坊为增加关注度与销量，都有依傍名人之举，明代书坊尤甚，所以《五字鉴》是否为当时书坊托名李廷机这位传奇人物所作，值得商榷。

《五字鉴》记述了从远古到明末（明亡至肇建民国当为清代学者邹圣脉及后世学者续写）的史事，全书以正统帝王谱系为序，五字一句，仅用万余字便将中国历史脉络较为完整地表述出来。其目录包括《三皇纪》《五帝纪》《陶唐纪》《有虞氏纪》《夏后氏纪》《商纪》《周纪》《春秋纪》《战国纪》《秦纪》《西汉纪》《东汉纪》《三国纪》《西晋纪》《东晋纪》《南朝宋纪》《南朝齐纪》《南朝梁纪》《南朝陈纪》《隋纪》《唐纪》《下唐纪》《五代梁纪》《五代唐纪》《五代晋纪》《五代汉纪》《五代周纪》《宋纪》《南宋纪》《元纪》《明纪》，共计三十一个部分。正如清人邹梧冈所说：“有明李廷机先生，胸罗全史，手著《鉴略》，自皇古以乞宋元事迹，举其大纲，略其小目，俾读者开卷了然，俨与历世受命之主，赓扬一堂；更可喜者，句调叶律，有类诗歌，与人可诵可读，一部二十一史之要领也。”邹梧冈，即邹圣脉，别号梧冈，诸多版本均写作“邹梧桐”，实为“邹梧冈”之误写。

《五字鉴》非严格意义上的历史书，作者在正史之外，加入了诸多神话传说、逸闻趣事等内容，如女娲炼石补天、伏羲蛇身牛首等，以引起儿童的阅读兴趣，这也是传统蒙学读本的一个共同特点。此外，《五字鉴》对于个别朝代的划分与记载，也与现代史学有所不同。如，把唐代分为《唐纪》《下唐纪》两部分，自代宗以下皆归为“下唐”。又如，现代史学所说的“南北朝”只作南朝纪，“五代十国”只作五代纪，同朝其他历史仅附于其中，没有单独作纪。一方面，可能是出于一条历史主线的写作需要；另一方面，也不排除当时的作者存在所谓“民族认可”的历史局限，《资治通鉴》也有类似的情况存在。

《五字鉴》以五言韵语成文，形式整齐，合辙押韵，叙事简洁，条理清晰，既符合儿童的阅读习惯，也便于儿童理解记诵。所以该书一经问世，就赢得了人们的重视与喜爱，很快成为蒙馆中与《三字经》等经典蒙书并列的教材读本，同时也为后来蒙书的编撰提供了借鉴。鲁迅先生说他开蒙时读的一本书叫作《鉴略》，而《五字鉴》旧时又简称《鉴略》，所以就有读者误以为鲁迅先生所读蒙书就是《五字鉴》，实则此书是指清顺治年间王仕云所作的《四字鉴略》。该书同为通识蒙书，仿照《五字鉴》的形式与内容，改为四字一句，故名《四字鉴略》。在《五猖会》中鲁迅先生就写到：“记得那时听人说，读《鉴略》比读《千字文》《百家姓》有用得多，因为可以知道从古到今的大概，那当然是很好的，然而我一字也不懂。‘粤自盘古’就是‘粤自盘古’，读下去，记住它，‘粤自盘古’呵！‘生于太荒’呵！”读者在接触相关著作时可留意两者的区别。

本书在编撰过程中，以清代流传古本为依据，并参照三环出版社（1992年版）、岳麓书社（2002年版）、北京师范大学出版社（2019年版）等诸多版本。对于其中个别字词冲突，则依清代古本为准。如崇祯皇帝庙号，古本写作“思宗”，其他版本多作“怀宗”。这是因为清军入关以后，曾定崇祯庙号为“怀宗”，但顺治十六年，清廷又以“兴朝谥前代之君，礼不称，数不称宗”为由，去掉了怀宗庙号。“思宗”则是南明弘光政权所定，后又改为“毅宗”，此后的隆武政权也曾改庙号为“威宗”，现代历史著作多以“怀宗”相称，本书此处仍作“思宗”。

此外，《五字鉴》凝练的写作方式，常会以一词乃至一字代指人物或地名等，初学者往往不知所云，如《战国纪》中“起翦颇牧臣，用兵为上策”一句，其中的“起、翦、颇、牧”分别指白起、王翦、廉颇和李牧四位名将。为便于理解，编者在文中相关字词下加了专名线，即以直线“____”标示人名、地名、国家、民族等专用名词，以曲线“~~~~”标示书名或篇名，读者当予以留意。

此书虽已攀照众多前辈成果，省去颇多勘校之功，但究于编校者水平所限，错漏之处在所难免，祈望各位方家批评指正。

武　宁

2024年3月

清本原序

夫人读书而不读二十一史，则古今之治乱，世运之汙隆，政事之得失，人品之奸贤，不可得而知也。其在皇古以上，荒远无稽，固难知矣。我夫子删书，断自唐虞，以至于今，上下数千百年之事，载在史册，较若列眉。惜乎卷帙浩繁，难以率读。即有能读者，试与论往事，往往举一而漏万，是知史固不可读而亦不能尽读也。有明李廷机先生，胸罗全史，手著《鉴略》，自皇古以迄宋元事迹，举其大纲，略其小目，俾读者开卷了然，俨与历世受命之主，赓扬一堂；更可喜者，句调叶律，有类诗歌，与人可诵可读，一部二十一史之要领也。第惜坊本注释，虽然根据全史，措辞尚嫌鄙俚不伦，余也不揣固陋，加以润色，又从而增其所未备，如《明史》缺略者，补之以殿篇末。即不必尽读二十一史，而二十一史之大纲小目，已可得其概矣。

乾隆戊辰季春邹梧冈书

三皇纪[1]

乾坤初开张，天地人三皇。[2]
天形如卵白，地形如卵黄。
五行生万物，六合运三光。[3]
天皇十二子，地皇十一郎。
无为而自化，岁起摄提纲。[4]
人皇九兄弟，寿命最延长。
各万八千岁，一人兴一邦。
分长九州地，发育无边疆。[5]

① 三皇：远古传说中的三位帝王。说法不一，或说为伏羲、神农、黄帝，或说为天皇、地皇、人皇。
② 乾坤：《周易》中的两个卦名，指天地。
③ 五行：金、木、水、火、土。　六合：东、南、西、北、上、下，泛指宇宙。　三光：日、月、星。
④ 无为：道家重要思想。强调顺应自然。　摄提："摄提格"简称。天皇时期创制的纪元法。
⑤ 九州：古人将中华大地划分为九个区域，通常指冀州、兖州、青州、徐州、扬州、荆州、豫州、梁州和雍州。　发育：发生繁育。

yǒu cháo shì yǐ chū shí guǒ shǐ wéi liáng
有巢氏以出，食果始为粮。[①]

gòu mù wéi cháo shì xí yè wéi yī cháng
构木为巢室，袭叶为衣裳。

suì rén shì yǐ chū shì shì xiāng mí máng
燧人氏以出，世事相迷茫。[②]

zuān mù shǐ qǔ huǒ yī shí wú suǒ fáng
钻木始取火，衣食无所妨。

jié shéng jì qí shì nián dài nán kǎo xiáng
结绳记其事，年代难考详。

wǔ dì jì

五帝纪[③]

fú xī shì yǐ lì rén zhì zì yì cháng
伏羲氏以立，人质自异常。[④]

shé shēn ér niú shǒu jì shì wú wén zhāng
蛇身而牛首，继世无文章。

zhì zì zào shū qì huà guà míng yīn yáng
制字造书契，画卦名阴阳。

① 有巢氏：远古部落首领。传为房屋搭建的创始者。
② 燧人氏：远古部落首领。传为人类取火用火的创始者。
③ 五帝：远古传说中的五位帝王。说法不一，或说为少昊、颛顼、帝喾、尧和舜，或说为伏羲、神农、轩辕、尧和舜。
④ 伏羲氏：远古传说中的帝王。传为文字与八卦图的创造者。 质：容貌。 异常：指伏羲容貌异于常人。

nán nǚ jiāo jià qǔ lì pí wéi lǐ jiāng
男女教嫁娶，俪皮为礼将。①

yǎng shēng gōng páo shí xù mǎ zhū niú yáng
养牲供庖食，畜马猪牛羊。

zhù róng gòng gōng shì jiāo bīng xiāng zhàn zhēng
祝融共工氏，交兵相战争。②

gòng gōng bú shèng nù tóu chù zhōu shān bēng
共工不胜怒，头触周山崩。③

shàng jīng tiān zhù zhé xià zhèn dì wéi chuān
上惊天柱折，下震地维穿。

nǚ wā shì yǐ lì liàn shí yǐ bǔ tiān
女娲氏以立，炼石以补天。④

duàn áo zú lì jí dì shì dé qí jiān
断鳌足立极，地势得其坚。⑤

jù huī zhǐ tāo shuǐ tiān dì fù yī rán
聚灰止滔水，天地复依然。

chuán dài shí wǔ shì bù kě kǎo gēn yuán
传代十五世，不可考根源。

shén nóng shì yǐ lì qí shǐ jiāo mín gēng
神农氏以立，其始教民耕。⑥

① 俪皮：成对的鹿皮。取成双之意。
② 祝融：远古传说中的火官，后世尊为火神。 共工：远古传说中的水神。
③ 周山：即“不周山”。
④ 女娲：太古传说中的创世女神，抟土以造人。
⑤ 极：传说中的擎天柱。天崩地裂之时，女娲炼彩石补天，斩龟足撑地，再以芦灰止洪水，天地方才恢复秩序。
⑥ 神农氏：远古部落首领。传为农业与医药的创始者。

zhuó mù wéi lěi sì yī shí zài sāng tián
斫木为耒耜，衣食在桑田。①

qīn zì cháng bǎi cǎo yī yào dé xiāng chuán
亲自尝百草，医药得相传。

jiāo rén wéi mào yì huò wù bìng quán héng
教人为贸易，货物并权衡。

chuán dài fán bā shì wǔ bǎi èr shí nián
传代凡八世，五百二十年。

huáng dì xuān yuán shì rén shì jiàn wán bèi
黄帝轩辕氏，人事渐完备。②

zhū hóu shǐ zhēng xióng shì xí gān gē qǐ
诸侯始争雄，适习干戈起。

chī yóu cháng zuò luàn zuò wù mí jūn lǚ
蚩尤尝作乱，作雾迷军旅。③

dì zào zhǐ nán chē qǐ bīng xiāng zhàn dí
帝造指南车，起兵相战敌。

chī yóu bèi dì qín shā yú zhuō lù lǐ
蚩尤被帝擒，杀于涿鹿里。

lóng mǎ shòu hé tú dé jiàn tiān wén jì
龙马授河图，得见天文纪。④

① 斫：用刀、斧砍削。　耒耜：古代耕种的一种农具。它的发明意味着农耕文化的开始。

② 黄帝：号轩辕氏。先后打败炎帝与蚩尤，成为部落联盟首领，被尊为华夏文化始祖。

③ 蚩尤：远古传说中九黎族首领。

④ 龙马：传说中的神兽，背负河图而出，伏羲据此作八卦。　纪：天文现象与时令的总称。

fá mù zuò zhōu chē　shuǐ lù jiē tōng jì
伐木作舟车，水陆皆通济。

lì shǒu zuò suàn shù　dà náo zào jiǎ zǐ
隶首作算数，大挠造甲子。①

líng lún zhì zhú tǒng　yīn yáng tiáo lǜ lǚ
伶伦制竹筒，阴阳调律吕。②

suì yǒu guǎn xián shēng　yīn yuè cóng cǐ shǐ
遂有管弦声，音乐从此始。③

zài wèi yì bǎi nián　qí lóng cháo tiān dì
在位一百年，骑龙朝天帝。

shào hào jīn tiān shì　lì wèi fèng huáng zhì
少昊金天氏，立位凤凰至。④

qí shì guān wú míng　yǐ niǎo wéi guān jì
其世官无名，以鸟为官纪。

zhuān xū gāo yáng shì　àn shí zào huáng lì
颛顼高阳氏，按时造黄历。⑤

mèng chūn wéi suì shǒu　yì nián fēn sì jì
孟春为岁首，一年分四季。⑥

---

① 隶首：黄帝的史官。传为算术与算盘的创造者。　大挠：黄帝的史官。传为甲子历法的创造者。　甲子：以天干地支记录年月的历法。

② 伶伦：黄帝的乐官。传为乐律的创造者。　律吕：古代矫正乐律的器具。

③ 管弦：泛指乐器。

④ 少昊：远古传说中东夷集团首领，号金天氏。

⑤ 颛顼：传黄帝之孙，号高阳氏。　黄历：古代历法。

⑥ 孟春：初春。古人将一年四季又各自划为孟、仲、季三段。

dì kù gāo xīn shì zài wèi bā shí suì
帝喾高辛氏，在位八十岁。①

tiān xià jí tài píng shǐ shū wú suǒ jì
天下藉太平，史书无所纪。

táo táng jì
陶唐纪

dì yáo táo táng shì rén dé hóng tiān dì
帝尧陶唐氏，仁德宏天地。②

máo cí bù jiǎn fá tǔ jiē wéi sān jí
茅茨不剪伐，土阶为三级。③

míng jiá shēng yú tíng guān yàn xún shuò rì
蓂荚生于庭，观验旬朔日。④

hóng shuǐ fàn jiǔ nián shǐ yǔ ér fū zhì
洪水泛九年，使禹而敷治。

jū wài shí sān chūn wèi rù jiā mén shì
居外十三春，未入家门视。

tōng zé shū jiǔ hé yǐn shuǐ cóng dōng shì
通泽疏九河，引水从东逝。

jǔ yì zhì shān zé měng shòu jiē táo bì
举益治山泽，猛兽皆逃避。

① 帝喾：传为黄帝曾孙，号高辛氏。

② 尧：传为帝喾之子，号陶唐氏。

③ 茅茨：茅屋。

④ 蓂荚：传说中的瑞草。初一始每日生一叶，至十五全生。十五后每日落一叶，至三十全落。　旬：十天。　朔：每月初一。

bǎi xìng lè yōng xī jī rǎng ér gē xì
百姓乐雍熙，击壤而歌戏。[1]

dà shùn gēng lì shān yáo wén zhī cōng mǐn
大舜耕历山，尧闻知聪敏。

èr nǚ jià wéi qī jiǔ nán qiǎn fèng shì
二女嫁为妻，九男遣奉侍。

qì xiè bìng bǎi guān niú yáng cāng lǐn bèi
器械并百官，牛羊仓廪备。[2]

shì shùn quǎn mǔ zhōng qǔ qī guī dì lǐ
事舜畎亩中，取妻归帝里。[3]

yáo lǎo juàn yú qín sì yuè jǔ shùn lǐ
尧老倦于勤，四岳举舜理。[4]

yáo lì jiǔ shí nián yì bǎi shí bā suì
尧立九十年，一百十八岁。

shùn jiàn yáo shēng xiá bì wèi nán hé dì
舜见尧升遐，避位南河地。[5]

bǎi xìng gǎn shùn ēn cóng zhě rú qū shì
百姓感舜恩，从者如趋市。

tiān yǔ rén guī zhī huí gōng jí dì wèi
天与人归之，回宫即帝位。

① 雍熙：和乐升平。 击壤：古代一种投掷游戏。
② 仓廪：粮仓。
③ 畎亩：田野。
④ 四岳：四方部落首领。
⑤ 升遐：指帝王去世。

有虞氏纪

yǒu yú shì jì

shùn jì wéi tiān zǐ, guó hào yǒu yú shì
舜既为天子，国号有虞氏。

chū mìng zhū sì xiōng, sì jìng tāo ēn bì
初命诛四凶，四境叨恩庇。①

shùn xī pín jiàn shí, shì qīn quán xiào tì
舜昔贫贱时，事亲全孝弟。②

fù huò yú hòu qī, jí shùn shēng dù jì
父惑于后妻，嫉舜生妒忌。

dú ài shào zǐ xiàng, xiàng shā shùn wéi shì
独爱少子象，象杀舜为事。

jùn jǐng yǔ wán lǐn, bù sǐ jiē tiān yì
浚井与完廪，不死皆天意。③

zhōng xīn bù gé jiān, jié lì zhēng zhēng yì
中心不格奸，竭力烝烝乂。④

shùn táo yú hé bīn, ér qì bù kǔ yǔ
舜陶于河滨，而器不苦窳。⑤

yú diào léi zé jiān, mín jiē ràng jū zhǐ
渔钓雷泽间，民皆让居址。

① 四凶：传说中的危害天下的四凶。说法不一，或说为饕餮、混沌、穷奇与梼机，或说为共工、驩兜、三苗与鲧。

② 弟：通“悌”，友爱。

③ 浚井：挖井。　完廪：修缮粮仓。

④ 烝烝：指舜孝德淳厚。　乂：治。

⑤ 陶：烧制陶器。　苦窳：质地粗劣。苦，通“盬”。

fán yǒu suǒ dòng yí, suǒ jū biàn chéng jù
凡有所动移，所居便成聚。[1]

jí zì wéi dì shí, bù wàng fù mǔ zhì
及自为帝时，不忘父母志。

bù jì xiàng jiù chóu, fēng xiàng yú yǒu bì
不记象旧仇，封象于有庳。

sì hǎi dài shùn gōng, bā huāng zhān dì lì
四海戴舜功，八荒沾帝力。

xián cāo wǔ xián qín, gē sòng nán fēng jù
闲操五弦琴，歌诵南风句。

jiě yùn fù mín cái, mín lè tài píng shì
解愠阜民财，民乐太平世。[2]

shùn bēng yú cāng wú, èr fēi bēi mù jí
舜崩于苍梧，二妃悲慕极。[3]

jí jīn bān zhú hén, nǎi shì huáng yīng lèi
即今斑竹痕，乃是皇英泪。[4]

shùn zǐ jūn bú xiào, wèi ràng xià hòu shì
舜子均不肖，位让夏后氏。[5]

zài wèi wǔ shí nián, yì bǎi yī shí suì
在位五十年，一百一十岁。

---

① 聚：聚居地。
② 愠：忧愁。
③ 苍梧：在今湖南永州。
④ 皇英：舜的两位妃子，娥皇与女英。
⑤ 夏后氏：即大禹。

夏后氏纪

xià hòu shì jì

yǔ wáng dēng guó jī shēn dù guī jǔ zhì
禹王登国畿，身度规矩制。

yí kuì shí qǐ shēn wèi láo mín jiān shì
一馈十起身，慰劳民间事。①

chū wài jiàn zuì rén xià chē wèn ér qì
出外见罪人，下车问而泣。

yí dí shǐ zuò jiǔ suì nǎi shū yí dí
仪狄始作酒，遂乃疏仪狄。②

cǎi jīn zhù jiǔ dǐng liú chuán xiǎng shàng dì
采金铸九鼎，流传享上帝。③

gào mìng yú tú shān wàn guó zhū hóu zhì
告命于涂山，万国诸侯至。

yīn jì mào zhōu jiāng huáng lóng fù zhōu xì
因济茂州江，黄龙负舟戏。④

yǔ yǎng gào yú tiān lóng fǔ shǒu dī shì
禹仰告于天，龙俯首低逝。

nán xún zhì kuài jī cú luò cí fán shì
南巡至会稽，殂落辞凡世。⑤

① 馈：吃饭。

② 仪狄：夏朝擅酿酒者，献美酒给禹，禹饮后感叹："后世必有以酒亡其国者。"于是疏远仪狄。

③ 享：奉祀。

④ 济：渡。

⑤ 殂落：去世。

zài wèi niàn qī chūn, shòu nián yì bǎi suì
在位廿七春，寿年一百岁。

yǔ zǐ qǐ xián liáng, rén dé sì fù wáng
禹子启贤良，仁德似父王。

chuán wèi bú xùn ràng, wú fù zūn yú táng
传位不逊让，无复遵虞唐。①

qǐ bēng tài kāng lì, fù chuán yǔ shào kāng
启崩太康立，复传与少康。

jǔ bīng miè hán zhuó, xià dé fù xīng yáng
举兵灭寒浞，夏德复兴扬。

jì chuán shí qī dài, guó bài yú jié wáng
继传十七代，国败于桀王。

sì bǎi sān shí zǎi, yí dàn rú bèi láng
四百三十载，一旦如狈狼。

xià jié xìng tān nüè, yuān shā guān lóng páng
夏桀性贪虐，冤杀关龙逄。

yǒu chǒng yú mò xǐ, wěi zhèng yú dào páng
有宠于妺喜，委政于道傍。②

yǐ jiǔ wéi chí zhǎo, jī zāo chéng gāo gāng
以酒为池沼，积糟成高冈。

xuán ròu wéi lín sǒu, nèi chǐ wài dài huāng
悬肉为林薮，内侈外怠荒。③

① 无复遵虞唐：意指不再遵循禅让制。

② 傍：通“旁”。

③ 林薮：密集的树林。

mín yuàn qí nüè shèn wéi yàn ér xuān yáng
民怨其虐甚，为谚而宣扬。

shí rì hé bú sàng yú jí rǔ xié wáng
时日曷不丧，予及汝偕亡。

bǎi xìng jiē sàn pàn tiān xià guī yīn tāng
百姓皆散叛，天下归殷汤。

shāng jì
商纪

chéng tāng dēng tiān wèi bǎi xìng lè cháng yáng
成汤登天位，百姓乐徜徉。

zuò cháo yǐ wèn dào chuí gǒng ér pián zhāng
坐朝以问道，垂拱而平章。①

chū wài jiàn tián liè tāng gǎn ér bēi shāng
出外见畋猎，汤感而悲伤。

jiě wǎng yǐ gēng zhù qín shòu tāo ēn guāng
解网以更祝，禽兽叨恩光。②

huà bèi yú cǎo mù lài jí lěi wàn fāng
化被于草木，赖及累万方。③

dà hàn lián qī nián duàn fà gào qióng cāng
大旱连七年，断发告穹苍。

liù zuì zì guī zé dà yǔ suì qīng pāng
六罪自归责，大雨遂倾滂。

① 垂拱：垂衣拱手。 平章：辨别彰明。
② 更祝：更改祝文。
③ 化：教化。 被：遍及。 赖：利益，指汤的德化。

zài wèi shí sān zǎi, dēng xiá guī dì xiāng
在位十三载，登遐归帝乡①。

chuán wèi tài jiǎ lì, yī yǐn fú cháo gāng
传位太甲立，伊尹扶朝纲。

yǐn shào gēng shēn yě, lè dào fú wéi bāng
尹少耕莘野，乐道弗为邦。

tāng wáng sān bì pìn, shǐ dēng tiān zǐ táng
汤王三币聘，始登天子堂②。

xiāng chuán zhì tài wù, bó lǐ chū xiáng sāng
相传至太戊，亳里出祥桑③。

yí rì mù dà gǒng, yī zhì yán bù xiáng
一日暮大拱，伊陟言不祥。

quàn jūn xiū dé yè, sān rì xiáng sāng wáng
劝君修德业，三日祥桑亡。

zhōng yǒu gāo zōng zuò, mèng dé yì xián liáng
中有高宗作，梦得一贤良。

qí rén míng fù yuè, bǎn zhù fù yán páng
其人名傅说，版筑傅岩傍④。

wáng shǐ tú xíng mì, dé yuè shēng miào láng
王使图形觅，得说升庙廊。

zūn fēng wéi zǎi xiàng, yīn dào fù xuān áng
尊封为宰相，殷道复轩昂。

---

① 登遐：指帝王去世。
② 币：指礼物。
③ 亳：商朝的国都。
④ 版筑：以夹板筑城墙。　傅岩：古地名。

chuán dài sān shí shì guó bài yú zhòu wáng
传代三十世，国败于纣王。

dá jǐ yù guó zhèng huò qǐ zài xiāo qiáng
妲己预国政，祸起在萧墙。

pào luò xíng yì jǔ lí shù jìn zāo yāng
炮烙刑一举，黎庶尽遭殃。

bǐ gān yǐ sǐ jiàn pōu fù kū xīn cháng
比干以死谏，剖腹刳心肠。

è hóu jiàn ér sǐ yí huò jí zhōu chāng
鄂侯谏而死，移祸及周昌。

zhào chāng qiú yǒu lǐ qī zǎi dé guī xiāng
召昌囚羑里，七载得归乡。①

jī zǐ qiú wéi nú pī fà ér yáng kuáng
箕子囚为奴，披发而佯狂。

wēi zǐ bēn zhōu guó yīn jiā zì cǐ wáng
微子奔周国，殷家自此亡。

zhōu jì
周　纪

wǔ wáng yùn tiān chóu tiān xià bìng zōng zhōu
武王运天筹，天下并宗周。②

guān bīng mèng jīn jiè bái yú rù wáng zhōu
观兵孟津界，白鱼入王舟。③

① 羑里：在今河南。
② 天筹：周密的计划。
③ 孟津：在今河南。

zhū hóu xián huì jí，jiē yù chěng bīng máo
诸侯咸会集，皆欲逞兵矛。[1]

miè zhòu jiù tú dú，wàn xìng mù hóng xiū
灭纣救荼毒，万姓沐洪庥。[2]

yí nù ān tiān xià，sì hǎi lè yōu yōu
一怒安天下，四海乐悠悠。

tài gōng bā shí suì，xīng zhōu zhì yǒu yōu
太公八十岁，兴周志有优。

yí qí kòu mǎ jiàn，qīng míng wàn gǔ liú
夷齐叩马谏，清名万古留。[3]

chǐ shí zhōu jiā sù，è sǐ xī shān tóu
耻食周家粟，饿死西山头。[4]

wǔ shòu jiǔ shí suì，zài wèi qī nián xiū
武寿九十岁，在位七年休。

chéng wáng lì yòu chōng，zhōu gōng zhǎng guó yóu
成王立幼冲，周公掌国猷。[5]

yí mù sān wò fà，tǔ bǔ dài zhū hóu
一沐三握发，吐哺待诸侯。

shào gōng wéi fǔ yì，cháo yě sì wú yōu
召公为辅翼，朝野肆无忧。[6]

---

① 咸：全都。
② 庥：指恩泽。
③ 夷齐：指伯夷与叔齐。
④ 西山：即首阳山。
⑤ 幼冲：年幼。　猷：规划、法则。
⑥ 肆：因此。

yuè cháng xiàn bái zhì shèng huà bèi qiāng qiú
越裳献白雉，圣化被羌酋。[①]

kāng zhāo chéng jiù yè lǐ fǎ shào qián xiū
康昭承旧业，礼法绍前修。[②]

mù wáng dé jùn mǎ tiān xià rèn áo yóu
穆王得骏马，天下任遨游。

yōu wáng jǔ fēng huǒ zhōu shì jiàn shuāi xiū
幽王举烽火，周室渐衰休。

chūn qiū jì
春秋纪

píng wáng dōng qiān hòu jǔ shì hào chūn qiū
平王东迁后，举世号春秋。

líng wáng gēng xū suì tiān mìng shēng kǒng qiū
灵王庚戌岁，天命生孔丘。

tiān jiāng wéi mù duó jiào huà yú jiǔ zhōu
天将为木铎，教化于九州。[③]

shèng xián jù jiàn chū dào xué dé chuán liú
圣贤俱间出，道学得传流。

dé jiào jiā lí shǒu wén guāng shè dǒu niú
德教加黎首，文光射斗牛。[④]

① 越裳：古代南方国名。　羌酋：越裳国的首领。
② 绍：继承。
③ 木铎：古代宣布政令时，宣讲人以铜制大铃震鸣于街，因铃以木为舌，故称为木铎。代指宣扬教化之人。
④ 黎首：黎民百姓。　斗牛：二十八星宿中的斗宿与牛宿。代指所有星星。

yǐ hòu jìn shuāi bó　wǔ bà bìng chéng chóu
以后寖衰薄，五霸并成仇。①

nǎn wáng gōng qín guó　bú lì fǎn wéi yóu
赧王攻秦国，不利反为尤。②

dùn shǒu ér shòu zuì　jìn dì xiàn lái yóu
顿首而受罪，尽地献来由。

chuán dài sān shí qī　bā bǎi qī shí qiū
传代三十七，八百七十秋。

sì hǎi jiē zhōu shì　shì bài yì shí xiū
四海皆周室，势败一时休。

zhàn guó jì
战国纪

zhōu jiā tiān mìng chè　bāng jī suì fēn liè
周家天命撤，邦畿碎分裂。

zhū hóu gè zhēng xióng　tiān xià wéi zhàn guó
诸侯各争雄，天下为战国。

qí chǔ zhào wèi hán　lǔ wú sòng yān yuè
齐楚赵魏韩，鲁吴宋燕越。

liè guó bǎi yú qū　lüè jǔ dà gài shuō
列国百余区，略举大概说。

qǐ jiǎn pō mù chén　yòng bīng wéi shàng cè
起翦颇牧臣，用兵为上策。③

---

① 寖：逐渐。

② 尤：罪责。

③ 起翦颇牧：指白起、王翦、廉颇和李牧。

huán gōng bà zhū hóu　zhèng fán guǎn zhòng shè
桓公伯诸侯，政繁管仲摄。①

yàn zǐ shì jǐng gōng　zhū hóu jiē wèi qiè
晏子事景公，诸侯皆畏怯。

sū qín liù guó shī　wèi gāo míng xuǎn hè
苏秦六国师，位高名烜赫。

zhāng yí shuì qín wáng　quán píng sān cùn shé
张仪说秦王，全凭三寸舌。

sūn bìn yǔ páng juān　tóng shòu guǐ gǔ jué
孙膑与庞涓，同受鬼谷诀。②

jiǎn zào àn xíng bīng　páng juān bèi qí huò
减灶暗行兵，庞涓被其获。③

fàn lǐ guī wǔ hú　zǐ xū mù kōng jué
范蠡归五湖，子胥目空抉。④

jiè zǐ sǐ mián shān　jīn wéi hán shí jié
介子死绵山，今为寒食节。⑤

qū yuán tóu mì luó　duān wǔ diào zhōng pò
屈原投汨罗，端午吊忠魄。

① 伯：通“霸”，称霸。

② 鬼谷：即鬼谷子。相传苏秦、张仪、孙膑与庞涓都是他的学生。

③ 减灶：减少行军灶。给庞涓制造战斗减员的假象。

④ 子胥：即伍子胥。原为吴国功臣，后因吴王夫差听信谗言，被逼抉目自杀。抉：挖。

⑤ 介子：即介子推。绵山：在今山西。

qì yù chǔ biàn hé, fēi wèi zú zāo yuè
泣玉楚卞和，非为足遭刖。①

nìng qī céng fàn niú, hòu jū chéng xiàng liè
宁戚曾饭牛，后居丞相列。②

zhòng lián yù táo míng, máo suì hé zì jiàn
仲连欲逃名，毛遂何自荐。

qí yǒu mèng cháng jūn, mén xià sān qiān kè
齐有孟尝君，门下三千客。

kè yǒu shí wú yú, féng huān tán cháng jiá
客有食无鱼，冯驩弹长铗。③

bú xiàn jī shēng míng, bù kuā gǒu dào qiè
不羡鸡声鸣，不夸狗盗窃。

yǒu zhì míng yú shí, bú bèi qín wáng chè
有智明于时，不被秦王掣。

chéng yīng lì gū ér, chǔ jiù sǐ léi xiè
程婴立孤儿，杵臼死缧绁。④

gū ér hòu fù chóu, àn gǔ quán jiā miè
孤儿后复仇，岸贾全家灭。

shāng yāng fèi jǐng tián, pì dì kāi qiān mò
商鞅废井田，辟地开阡陌。

---

① 卞和：楚国人，他先后向厉、武两代楚王进献璞玉，均因不识被定欺君之罪，被处以刖刑。卞和抱玉哭于荆山，楚文王闻听，令工匠雕琢，果为稀世宝玉，遂命名“和氏璧”。 刖：古代一种砍掉脚的酷刑。

② 饭：饲养、喂养。

③ 铗：剑。

④ 孤儿：赵氏孤儿。 缧绁：原意为捆绑犯人的绳索，后指牢狱。

jì mǔ kē liáng chā，jí jīn wéi fǎ zé
计亩科粮差，即今为法则。[①]

xū gǔ shǐ yú qín，fàn jū chǐ fāng xuě
须贾使于秦，范雎耻方雪。

tián dān zòng huǒ niú，yān bīng shòu zāi è
田单纵火牛，燕兵受灾厄。[②]

fù qí qī shí chéng，lì gōng yóu jí mò
复齐七十城，立功由即墨。

nào chǐ shā mǐn wáng，xiāng zǐ shā zhì bó
淖齿杀湣王，襄子杀智伯。

móu hài wú liǎo qī，jiē yīn zì zuò niè
谋害无了期，皆因自作孽。

秦纪（qín jì）

qín shǐ huáng dēng jī，bìng tūn wéi yì guó
秦始皇登基，并吞为一国。

gēng hào huáng dì míng，yán cí chēng zhào yuē
更号皇帝名，言词称诏曰。

fén shū kēng rú shì，yù bǎ rú fēng miè
焚书坑儒士，欲把儒风灭。

kǒng dào bèi shāng cán，kǒng mù bèi huǐ jué
孔道被伤残，孔墓被毁掘。

---

① 科：收取。

② 火牛：火牛阵。

běi sài zhù cháng chéng， yù bèi fáng hú zéi
北塞筑长城，预备防胡贼。[①]

xī jiàn ē páng gōng， shì yǔ tiān xiāng jiē
西建阿房宫，势与天相接。

hòu bèi chǔ rén fén， yān huǒ lián sān yuè
后被楚人焚，烟火连三月。

nán xiū wǔ lǐng shān， dōng jiāng dà hǎi sè
南修五岭山，东将大海塞。

jié lì láo wàn mín， mín jìn zāo mó zhé
竭力劳万民，民尽遭磨折。

zì shì tiān xià píng， xiāo shuò dāo bīng gé
自恃天下平，销铄刀兵革。[②]

bìng guó shí sān nián， kōng zhù dà gōng liè
并国十三年，空著大功烈。[③]

tiān mìng yì zhāo cú， sì hǎi jiē bēng xiè
天命一朝殂，四海皆崩泄。

èr shì dēng dì jī， méng bì duō hūn hēi
二世登帝基，蒙蔽多昏黑。

zhào gāo nèi nòng quán， lǐ sī bèi qí hé
赵高内弄权，李斯被其核。[④]

yāo zhǎn xián yáng shì， zōng zhī jiē zú miè
腰斩咸阳市，宗枝皆族灭。

① 胡贼：好战的匈奴等北方游牧民族。
② 销铄：熔化。秦始皇统一天下后，将六国兵刃征收至咸阳，熔铸成十二个铜人像。
③ 著：建立。
④ 核：通“劾”，弹劾。

zhǐ lù yǐ wéi mǎ, qún chén wèi mò shuō
指鹿以为马，群臣畏莫说。

yóu cǐ huài cháo gāng, guó bài yú hú hài
由此坏朝纲，国败于胡亥。

qín yù wàn shì chuán, wèi jí sān shì chè
秦欲万世传，未及三世撤。

wáng qín shī qí lù, qún chén jiē chū liè
亡秦失其鹿，群臣皆出猎。①

tiān xià gòng zhú zhī, hàn wáng zuì xiān dé
天下共逐之，汉王最先得。②

xiàng jí yǔ liú bāng, liǎng yì xiāng jiāo jié
项籍与刘邦，两意相交结。

gòng lì chǔ huái wáng, jǔ bīng gōng dì què
共立楚怀王，举兵攻帝阙。

yì gǔ pò hán guān, qín wáng chū yíng jiē
一鼓破函关，秦王出迎接。③

duó dé qín jiā quán, biàn bǎ rén yì jué
夺得秦家权，便把仁义绝。

hóng mén huì yàn shí, yù dǒu fēn rú xuě
鸿门会宴时，玉斗纷如雪。④

① 鹿：指秦政权。

② 汉王：刘邦。

③ 函关：函谷关。楚怀王与刘邦、项羽立下戒约：先入秦关者为王，后入秦关者为臣。

④ 玉斗：酒杯。鸿门宴刘邦逃脱，亚父范增怒而将酒杯摔碎。

liǎng xià dòng gān gē xiáng bīng yè liú xuè
两下动干戈，降兵夜流血。

wáng líng zhāng zǐ fáng xiāo hé bìng péng yuè
王陵张子房，萧何并彭越。

hán xìn yǔ chén píng chū jì rén mò cè
韩信与陈平，出计人莫测。

zhēng zhàn jīng wǔ nián hàn xīng chǔ jiàn xiē
争战经五年，汉兴楚渐歇。

xiàng yǔ lì bá shān yí nù xū rú tiě
项羽力拔山，一怒须如铁。

shì jǐ duō yǒng cái bú yòng móu chén cè
恃己多勇才，不用谋臣策。

wéi yǒu yí fàn zēng jiàn qì guī tián zhái
唯有一范增，见弃归田宅。

gāi xià bèi chóng wéi chǔ gē shēng cǎn qiè
垓下被重围，楚歌声惨切。

qǐ wǔ yú zhàng zhōng qì yǔ yú jī bié
起舞于帐中，泣与虞姬别。

fēi bú dù wū jiāng zì kuì wú yán sè
非不渡乌江，自愧无颜色。①

bá jiàn sàng qí yuán xīng wáng cóng cǐ jué
拔剑丧其元，兴亡从此决。②

---

① 颜色：脸面。
② 元：头颅。

xī hàn jì
西汉纪

hàn gāo zǔ dēng jī, kuān dà rén jiē yuè.
汉高祖登基，宽大人皆悦。

nà jiàn jié rú liú, shǎng fá fēn qīng bái.
纳谏捷如流，赏罚分清白。

yuē qín fǎ sān zhāng, zhù hàn shū shí cè.
约秦法三章，著汉书十册。

cì dì xiè gōng chén, chì fēng gōng hóu bó.
赐地谢功臣，敕封公侯伯。

jì xìn fēng chéng huáng, wàn zǎi chéng ēn zé.
纪信封城隍，万载承恩泽。

qū sǐ hán yǔ péng, cùn lù wèi céng dé.
屈死韩与彭，寸禄未曾得。①

zǎo tīng kuǎi tōng yán, bù zāo yīn rén è.
早听蒯通言，不遭阴人厄。②

zhāng liáng jiě yìn guī, bǎo shēn zuì míng zhé.
张良解印归，保身最明哲。

chén xī jiàn xìn fú, pàn hàn guī fān guó.
陈豨见信俘，叛汉归番国。③

dì mìng zhǎn dīng gōng, yǐ yuàn ér bào dé.
帝命斩丁公，以怨而报德。

---

① 韩：韩信。　彭：彭越。
② 厄：陷害。
③ 信：韩信。　番国：匈奴。

xiào huì dì dēng jī，rén cí duō bìng qiè。
孝惠帝登基，仁慈多病怯。

lǚ hòu hòu lín cháo，yīn móu yí hàn yè。
吕后后临朝，阴谋移汉业。

zhū lǚ jìn fēng wáng，hàn jiàng wèi xū shè。
诸吕尽封王，汉将位虚设。

ruò fēi píng bó fú，guó mìng bù kě huó。
若非平勃扶，国命不可活。①

chuán zhì hàn wǔ dì，xí xué shén xiān jué。
传至汉武帝，习学神仙诀。

liàn dān yǎng cháng shēng，yù bǎ tiān jī xiè。
炼丹养长生，欲把天机泄。

gāo jiàn lóu tái gōng，mì yà péng lái kè。
高建楼台宫，觅迓蓬莱客。②

wáng mǔ xiàn pán táo，chéng luán lái xiāng yè。
王母献蟠桃，乘鸾来相谒。③

fāng shuò dé xiān yuán，pán táo sān bèi qiè。
方朔得仙缘，蟠桃三被窃。④

cóng cǐ jìng shē huá，guó xū cāng lǐn jié。
从此竞奢华，国虚仓廪竭。

① 平勃：陈平和周勃。诛灭诸吕的两位功臣。
② 觅迓：寻觅。
③ 谒：拜访。
④ 方朔：东方朔。

zhì lì shuì kè sī, jí jīn chéng gǔ é.
置立税课司，即今成古额。[①]

yòng dù bù zú zhī, chū mài guān yuán cè.
用度不足支，出卖官员册。

jiǎ yì qū cháng shā, shàng shū lùn yōu liè.
贾谊屈长沙，上疏论优劣。

zhòng shū gōng sūn hóng, èr rén tíng duì cè.
仲舒公孙弘，二人庭对策。[②]

zhū mǎi chén mài chái, bài xiàng jū dì cè.
朱买臣卖柴，拜相居帝侧。

zhāng qiān fàn tiān hé, yīn shǐ xī yù guó.
张骞泛天河，因使西域国。[③]

wèi qīng mù zhū nú, fēng hóu zhèn hú běi.
卫青牧猪奴，封侯镇胡北。

xiàng rú mài jiǔ láng, shí lái bài jīn què.
相如卖酒郎，时来拜金阙。[④]

jí àn yán zhí gàng, huò guāng xìng zhōng liè.
汲黯言直戆，霍光性忠烈。[⑤]

sū wǔ xiàn xiōng nú, mù yáng chí hàn jié.
苏武陷匈奴，牧羊持汉节。

① 税课：赋税。
② 仲舒：董仲舒。　庭：朝堂。一写作“廷”。
③ 西域：指玉门关以西、葱岭以东地区。
④ 金阙：指宫廷。
⑤ 直戆：憨直、刚直。

qù guó shí jiǔ nián, huán cháo tóu sì xuě
去国十九年，还朝头似雪。

qì bǎ lǐ líng yī, zuò shī xiāng yǔ bié
泣把李陵衣，作诗相与别。①

wǔ yán shī qǐ cǐ, hòu shì zhī shī zé
五言诗起此，后世知诗则。

xiào zhāo huáng dì shēng, mǔ huái shí sì yuè
孝昭皇帝生，母怀十四月。

hào yuē yáo mǔ mén, qī suì dēng dì què
号曰尧母门，七岁登帝阙。

míng jiàn zhì fēi fán, zhèng shì jiē zì jué
明见智非凡，政事皆自决。

biǎo zhāng liù jīng wén, mín sòng kǒng ān guó
表章六经文，民颂孔安国。②

gōng suì wéi tài shǒu, dé huà bó hǎi zéi
龚遂为太守，德化渤海贼。

shǐ mài jiàn mǎi niú, dào fú xīn huān yuè
使卖剑买牛，盗服心欢悦。

bǐng jí wèn niú chuǎn, yōu shí shī tiáo xiè
丙吉问牛喘，忧时失调燮。③

xiào yuán dēng dì què, rén róu xǐ rú mò
孝元登帝阙，仁柔喜儒墨。

---

① 把：握住。

② 表章：即表彰。 六经：《诗》《书》《礼》《乐》《易》《春秋》。

③ 调燮：调和阴阳。

guó jiā dà xiǎo shì， jìn fù shí xiǎn jué
国家大小事，尽付石显决。

záo bì dú shū rén， fāng míng qiān gǔ yè
凿壁读书人，芳名千古烨。①

yú gōng gāo dà mén， zhì yù duō yīn dé
于公高大门，治狱多阴德。

zhōng chén gān yán shòu， zhèn shǒu chán yú guó
忠臣甘延寿，镇守单于国。②

liáng chén hán yán shòu， zhì mín huà yǐ dé
良臣韩延寿，治民化以德。

jiān chén máo yán shòu， zuò shì duō guǐ jué
奸臣毛延寿，做事多诡谲。

àn hài wáng zhāo jūn， jià wéi hú dì qiè
暗害王昭君，嫁为胡地妾。③

xiào chéng dēng dì jī， wáng shì shēng méng niè
孝成登帝基，王氏生萌孽。④

zhū yún fàn dì yán， shǒu pān diàn jiàn zhé
朱云犯帝颜，手攀殿槛折。⑤

méi fú yì shàng shū， shū shàng shuō yāo niè
梅福亦上书，书上说妖孽。

① 烨：闪耀、光耀。
② 单于国：此处指西域。
③ 胡：指匈奴。
④ 萌孽：邪恶的念头、祸端。 孽：一写作“蘖”。
⑤ 槛：栏杆。

āi huáng jí xiào píng tiān mìng zhōng dào xiē
哀皇及孝平，天命中道歇。

cháo yě dà gāng wéi jìn guī wáng shì zhái
朝野大纲维，尽归王氏宅。①

xiāng chuán shí èr jūn wáng mǎng cuàn dì què
相传十二君，王莽篡帝阙。

jiàn wèi shí wǔ nián jiǔ zú jiē zhū miè
僭位十五年，九族皆诛灭。

dōng hàn jì
东汉纪

dōng hàn guāng wǔ xīng shī yòng yán zǐ líng
东汉光武兴，师用严子陵。

féng yì jìn dòu zhōu xiǎng dì dù jī chén
冯异进豆粥，饷帝度饥辰。②

xù hòu jìn mài fàn jié lì shì yú jūn
续后进麦饭，竭力事于君。

mǎ yuán dèng yǔ děng shè fǎ yòng jūn bīng
马援邓禹等，设法用军兵。

cháng jiàn yì huī qǐ sì hǎi jìn ān níng
长剑一挥起，四海尽安宁。

① 纲维：指朝政、法度。 王氏宅：指王莽家族。
② 饷：供给食物。

mǎng dǎng jiē zāo lù，huī fù jiù qián kūn。
莽党皆遭戮，恢复旧乾坤。[1]

chì méi zéi zuò luàn，dì yù jià qīn zhēng。
赤眉贼作乱，帝御驾亲征。[2]

tiān jiàng niàn bā jiàng，shàng yìng liè xiù xīng。
天降廿八将，上应列宿星。[3]

yún tái sòng gōng jì，cì dì tú qí xíng。
云台颂功绩，次第图其形。[4]

céng dù hū tuó hé，hé shuǐ jié chéng bīng。
曾渡滹沱河，河水结成冰。

ruò fēi zhēn dì zhǔ，zěn gǎn dòng tiān xīn。
若非真帝主，怎感动天心。

xiào míng huáng dì lì，rén ài zhèng kuān píng。
孝明皇帝立，仁爱政宽平。

lín yōng xíng yǎng lǎo，chóng xué bó rú jīng。
临雍行养老，崇学博儒经。[5]

shì jiào xīng yú cǐ，dì mèng jiàn jīn rén。
释教兴于此，帝梦见金人。[6]

---

① 莽：王莽。
② 帝：光武帝刘秀。
③ 廿八将：辅佐光武帝平乱，建立东汉的二十八位将领。　列宿星：天上的二十八星宿。
④ 云台：高耸入云的楼台。　图其形：将二十八位将领肖像绘出，以示彰显。
⑤ 雍：辟雍，古代学宫。　养老：即养老礼。　博：博学、通晓。
⑥ 释教：佛教。

qiǎn shǐ wǎng xī yù, qǔ fó rù dōng jīng
遣使往西域，取佛入东京。[①]

xiào zhāng huáng dì lì, kuān hòu dài qún chén
孝章皇帝立，宽厚待群臣。

wén zhī yǐ lǐ yuè, gòng jǔ rèn xián rén
文之以礼乐，贡举任贤人。

xiào hé huáng dì lì, nián jì shàng yòu zhì
孝和皇帝立，年纪尚幼稚。

nèi chén qī zhǔ shào, zhuān quán zì cǐ shǐ
内臣欺主少，专权自此始。

xiào shāng huáng dì lì, bǎi rì zuò cháo tīng
孝殇皇帝立，百日坐朝厅。

zài wèi bā gè yuè, cí fán guī dì jīng
在位八个月，辞凡归帝京。

xiào ān huáng dì lì, cōng míng wèi guàn jīn
孝安皇帝立，聪明未冠巾。[②]

dèng tài hòu shè zhèng, cháo yě pō ān níng
邓太后摄政，朝野颇安宁。

xiào shùn huáng dì lì, jí wèi lài sūn chéng
孝顺皇帝立，即位赖孙程。[③]

nèi huàn zhuān quán bǐng, fēng hóu shí jiǔ rén
内宦专权柄，封侯十九人。

① 东京：东汉京都洛阳。因西汉京都为长安，洛阳在其东，故称东京。
② 冠巾：指成年。
③ 赖：凭借、依赖。

xiào chōng huáng dì lì, èr suì zuò lóng tíng
孝冲皇帝立，二岁坐龙廷。

zài wèi yuè sān yuè, shòu dú zhì tuí líng
在位阅三月，受毒致颓龄。①

xiào zhì huáng dì lì, zhāng dì zhī zēng sūn
孝质皇帝立，章帝之曾孙。

jí wèi nián bā suì, zào bào xìng cōng míng
即位年八岁，躁暴性聪明。②

yǐ yán chù liáng jì, jìn dú sàng qí shēn
以言触梁冀，进毒丧其身。③

wèi chuán xiào huán dì, fù chuán yǔ xiào líng
位传孝桓帝，复传与孝灵。

xiàn dì zhōng tiān mìng, bāng jī sān guó fēn
献帝终天命，邦畿三国分。

xiāng chuán shí èr shì, qián hòu sì bǎi chūn
相传十二世，前后四百春。

hàn jiā zhōng wěi jiàng, dà lüè shù qí míng
汉家忠伪将，大略述其名。

yáng xióng zěn tóu gé, yīn yǒu bù zhōng chéng
扬雄怎投阁，阴有不忠诚。④

kòu xún lián shū dù, ēn zé wàn mín qīn
寇恂廉叔度，恩泽万民钦。

① 颓龄：指死亡。
② 躁：一写作“燥”。
③ 触：触犯。
④ 怎：为何。 投阁：从阁楼跳下。 阴：私下。

dǒng xuān qiáng xiàng lìng zhí fǎ lùn cháo tíng
董宣强项令，执法论朝廷。

gōng sūn shù chēng dì rén dào jǐng wā míng
公孙述称帝，人道井蛙鸣。

máo yì pěng xí rù yí lù wèi yǎng qīn
毛义捧檄入，移禄为养亲。[1]

bān chāo shì tóu bǐ wàn lǐ fēng jiāng jūn
班超誓投笔，万里封将军。

yáng bǎo céng jiù què sì shì wéi gōng qīng
杨宝曾救雀，四世为公卿。[2]

yáng zhèn jǔ wáng mì bú shòu sì zhī jīn
杨震举王密，不受四知金。[3]

cén péng wéi cì shǐ mín jiān quǎn bù jīng
岑彭为刺史，民间犬不惊。

zhāng kān wéi tài shǒu mài xiù liǎng qí chéng
张堪为太守，麦秀两歧成。[4]

liú kuān wéi jùn shǒu pú biān zhì lì mín
刘宽为郡守，蒲鞭治吏民。[5]

---

① 檄：檄文。官职任命的文书。

② 救雀：杨宝幼时救起一只黄雀，后黄雀化作黄衣童子报恩，送上一双玉环，使其四世为官的典故。

③ 四知金：王密因杨震举荐而为昌邑令，趁夜欲送重金给杨震，称："暮夜无知。" 杨震回："天知、神知、子知、我知。何谓无知？" 坚辞不受。

④ 秀：开花抽穗。 两歧成：一根麦秆分长出两个麦穗。歧，一写作"岐"。

⑤ 蒲鞭：用蒲草做成的鞭子。以蒲鞭责罚，指其宽仁。

liú kūn wéi yì zǎi, fǎn huǒ gǎn shén míng
刘昆为邑宰，反火感神明。[1]

chén fān dài xú zhì, shè tà xuán zhōng tíng
陈蕃待徐稚，设榻悬中庭。[2]

rǔ nán xǔ shào děng, cháng wéi yuè dàn píng
汝南许劭等，常为月旦评。[3]

gěng gōng céng bài jǐng, zhāng gāng xī mái lún
耿恭曾拜井，张纲昔埋轮。[4]

sū zhāng wéi yù shǐ, zhí zhōng bú shùn qíng
苏章为御史，执中不顺情。[5]

qiú xiāng néng quàn xiào, guō tài shàn zhī rén
仇香能劝孝，郭泰善知人。

dù qiáo lǐ gù sǐ, léi hōng hàn diàn qīng
杜乔李固死，雷轰汉殿倾。

zhū mù wéi cì shǐ, jùn chén hún dǎn jīng
朱穆为刺史，郡臣魂胆惊。

yú xǔ zhēng qiāng zéi, zēng zào yǐ xíng bīng
虞诩征羌贼，增灶以行兵。

huáng xiàn duō cái dé, shēng míng sì hǎi wén
黄宪多才德，声名四海闻。

① 反：通“返”。
② 稚：古写作“穉”。
③ 月旦：每月初一。
④ 拜井：向井祭拜求水。 埋轮：将车轮埋于地下。汉顺帝安排张纲巡视地方，张纲说：“豺狼当路，安问狐狸？”于是埋轮拒行，并上疏弹劾专权的大将军梁冀。
⑤ 顺情：顺遂人情，指徇私。

dǒng zhuó duō qī kuáng hào wén niú chéng xiàng
董卓多欺诳，号闻牛丞相。

yù duó hàn jiā quán chǒng yòng jiān móu jiàng
欲夺汉家权，宠用奸谋将。

què zāo lǚ bù zhū tiān xià rén huān chàng
却遭吕布诛，天下人欢唱。

zhōng láng cài bó jiē qì qīn bú fèng yǎng
中郎蔡伯喈，弃亲不奉养。

zhào wǔ niáng dú xián jiǎn fà wèi mái zàng
赵五娘独贤，剪发为埋葬。

hàn jiā dì zuò shuāi zhōng chén zāo lù cuàn
汉家帝祚衰，忠臣遭戮窜。①

sì hǎi jǐn qián kūn yí dàn rú bīng pàn
四海锦乾坤，一旦如冰泮。②

wáng qì rù sān jiā wèi bèi quán chén cuàn
王气入三家，位被权臣篡。

sān guó jì
三国纪

cáo cāo sūn quán qǐ chí héng yǔ hàn pàn
曹操孙权起，持衡与汉叛。③

cāo zǐ cáo pī lì qiè bǎ dì wèi huàn
操子曹丕立，窃把帝位换。

① 祚：国运。 窜：放逐、流放。
② 泮：融化、消融。
③ 持衡：指执掌权柄。

gǎi guó chēng wéi wèi, jǔ bīng suì miè hàn
改国称为魏，举兵遂灭汉。

sūn quán guó hào wú, tiān xià chéng dà luàn
孙权国号吴，天下成大乱。

lì wèi zài nán jīng, jū mín zāo zhú cuàn
立位在南京，居民遭逐窜。

liú bèi yǔ zhēng fēng, sān guó chěng yīng xióng
刘备与争锋，三国逞英雄。

guān zhāng zhū gě liàng, fú hàn qì tūn hóng
关张诸葛亮，扶汉气吞虹。①

dǐng zú fēn tiān xià, jué lì ér xiāng gōng
鼎足分天下，角力而相攻。②

héng xíng wǔ shí zǎi, sì hǎi zāo kùn qióng
横行五十载，四海遭困穷。

cháng jiāng chén tiě suǒ, dì yè zǒng chéng kōng
长江沉铁索，帝业总成空。

xī jìn jì
西晋纪

sī mǎ yán zhí bǐng, guó hào wéi xī jìn
司马炎执柄，国号为西晋。

céng shì wèi wéi chén, sān guó zāo tūn bìng
曾事魏为臣，三国遭吞并。

① 关张：关羽和张飞。
② 角力：武力角斗。

wáng póu wèi fù chóu, bú shòu jìn zhēng pìn
王裒为父仇，不受晋征聘。

ruǎn jí yǔ liú líng, zòng jiǔ táo qíng xìng
阮籍与刘伶，纵酒陶情性。

zhú lín hào qī xián, fàng dàn wú jū jìn
竹林号七贤，放诞无拘禁。①

bì zhuó lì bù láng, dào jiǔ chéng huà bǐng
毕卓吏部郎，盗酒成话柄。

wáng yǎn duō qīng tán, wáng róng duō bǐ lìn
王衍多清谈，王戎多鄙吝。②

wáng xiáng xī wò bīng, dé yú quán mǔ bìng
王祥昔卧冰，得鱼痊母病。

wèi chuán xiào huì dì, chī yú hé tài shèn
位传孝惠帝，痴愚何太甚。

shàng yuàn wèn wā míng, bǐ míng wèi hé zhèng
上苑问蛙鸣，彼鸣为何政。

wèi guàn cháng yǒu yán, wǔ dì yí bú xìn
卫瓘尝有言，武帝疑不信。

jiān xióng jiàn zhǔ hūn, chěng shì xiāng tūn bìng
奸雄见主昏，逞势相吞并。③

lǐ xióng wàng chéng dū, liú yuān chēng hàn dì
李雄王成都，刘渊称汉帝。

① 竹林七贤：嵇康、刘伶、阮籍、山涛、向秀、王戎、阮咸。
② 鄙吝：过分吝啬。
③ 昏：昏庸。

zhào wáng lún zhēng quán zhōng wài jiē zhēng jìng
赵王伦争权，中外皆争竞。①

shí chóng fù mò yán shēn xíng cái yì jìn
石崇富莫言，身刑财亦尽。

shí lè gōng luò yáng jìn dì jué tiān mìng
石勒攻洛阳，晋帝绝天命。

chuán dài fán sì jūn wǔ shí nián guāng jǐng
传代凡四君，五十年光景。

dōng jìn jì
东晋纪

zhōng zōng yuán dì xīng gǎi guó wéi dōng jìn
中宗元帝兴，改国为东晋。②

háo shì jí xīn tíng jǔ mù shān hé jiǒng
豪士集新亭，举目山河迥。③

zhōu yǐ dú shāng qíng wáng dǎo piān dé xìng
周顗独伤情，王导偏得兴。④

zǔ tì yǔ liú kūn gōng míng liǎng xiāng bìng
祖逖与刘琨，功名两相并。

zhuó biān yǔ zhěn gē zhēng bǎ zhōng yuán dìng
着鞭与枕戈，争把中原定。⑤

---

① 赵王伦：即赵王司马伦。
② 中宗：晋元帝司马睿的庙号。
③ 新亭：在今江苏南京南，濒临长江，为当时军事要塞。 迥：差别很大。
④ 兴：豪情壮志。
⑤ 着鞭：一写作“著鞭”。着手进行。

wáng dūn wéi jìn chén, dì qīn shòu jīn yìn
王敦为晋臣，帝亲授金印。

chū mìng zhēng jīng xiāng, móu fǎn jù zhū jùn
出命征荆襄，谋反据诸郡。

dì mìng wáng dǎo zhēng, dūn sǐ zhū xiōng bèng
帝命王导征，敦死诸凶迸。①

wèi chuán sù zōng lì, zhì huì míng rú jìng
位传肃宗立，智慧明如镜。

yǒu zhì zhèng zhōng yuán, ér zú bù kě zhèng
有志正中原，而卒不可正。

táo kǎn shào gū pín, shì mǔ quán xiào jìng
陶侃少孤贫，事母全孝敬。

mǔ jiǎn fà yán bīn, fàn kuí wèi jǔ jìn
母剪发延宾，范逵为举进。②

dū du guò bā zhōu, gōng bèi yú sì jìng
都督过八州，功被于四境。③

xiǎn zōng chéng huáng dì, sū jùn kuáng jūn lìng
显宗成皇帝，苏峻诳君令。④

biàn kǔn dū bīng zhēng, fù zǐ jiē sàng mìng
卞壸督兵征，父子皆丧命。

xiào zōng mù huáng dì, jí wèi nián sān suì
孝宗穆皇帝，即位年三岁。

---

① 敦：王敦。　迸：被消灭。
② 延：通“筵”，招待。
③ 被：遍及。
④ 诳：欺骗。

wáng yù fǔ cháo gāng liè guó jiē zhēng jìng
王昱辅朝纲，列国皆争竞。

shí hǔ chēng tiān wáng lè zhǒng zāo shā jìn
石虎称天王，勒种遭杀尽。①

huán wēn nòng jìn quán zhōng wài jiē qīn jìng
桓温弄晋权，中外皆钦敬。

xī chāo rù mù bīn àn shòu huán wēn mìng
郗超入幕宾，暗受桓温命。

wáng měng mén shī tán bú shòu huán wēn pìn
王猛扪虱谈，不受桓温聘。②

yǔ liàng wéi sī kōng lín shì yǐ míng mǐn
庾亮为司空，临事以明敏。

xiè ān wéi sī tú guǒ duàn ér mín xìn
谢安为司徒，果断而民信。

yuān míng guī qù xī bú zuò péng zé lìng
渊明归去兮，不作彭泽令。③

chǔ shì wáng xī zhī lǎn jì huáng jiā yìn
处士王羲之，懒系皇家印。

wèi dào xiě huáng tíng shū bà lóng é jìn
为道写黄庭，书罢笼鹅赆。④

xià wèi zhào yān qín xiāng zhēng sì hǎi yìng
夏魏赵燕秦，相争四海应。

① 勒：石勒。
② 扪：捉。
③ 渊明：陶渊明。
④ 赆：礼物。

xiǎo guó bìng chēng wáng, yǔ jìn jiē chóu xìn
小国并称王，与晋皆仇衅。

dài zhì gōng huáng dì, chuán wèi shí yī shì
迨至恭皇帝，传位十一世。

yì bǎi líng sì nián, guó jué zhū wáng jì
一百零四年，国绝诸王继。

tiān xià guó shù duō, fēn wéi nán běi jì
天下国数多，分为南北纪。

nán cháo sòng jì
南朝宋纪

tiān mìng fù yú sòng, sòng zhǔ dé mín zhòng
天命赋于宋，宋主得民众。①

miè yān duó jìn quán, zhū jiàng jiē gǒng fèng
灭燕夺晋权，诸将皆拱奉。②

xiè líng yùn bù chén, shì cái duō fàng zòng
谢灵运不臣，恃才多放纵。③

hào wéi shān zé yóu, mò hòu zāo wū sòng
好为山泽游，末后遭诬讼。

běi wèi bīng rù jiāng, shān yuè jiē yáo dòng
北魏兵入疆，山岳皆摇动。

shā lüè bù kě yán, suǒ guò rú kōng dòng
杀掠不可言，所过如空洞。

① 宋：宋武帝刘裕建立的南朝第一个朝代。
② 燕：十六国的南燕。
③ 臣：恪守臣子本分。

qī yàn xī wú cháo gēng fū jiē shī zhòng
栖燕悉无巢，耕夫皆失种。①

sòng jiàng mò dāng fēng shuài zhòng ér táo bì
宋将莫当锋，率众而逃避。②

sòng dì dēng shí chéng tàn xī tán dào jì
宋帝登石城，叹息檀道济。③

xiāng chuán fán bā jūn guó shǔ qí xiāo shì
相传凡八君，国属齐萧氏。④

nán cháo qí jì
南朝齐纪

qí wáng xiāo dào chéng shēn chén yǒu dà zhì
齐王萧道成，深沉有大志。

bó xué néng wén zhāng yù mù táng yú shì
博学能文章，欲慕唐虞世。⑤

shì luàn fá liáng cái wú xián xiàng yǔ zhì
世乱乏良材，无贤相与治。

wèi chuán dōng hūn hóu huāng yín hào xī xì
位传东昏侯，荒淫好嬉戏。

nì ài chǒng pān fēi suǒ yù wú bú zhì
溺爱宠潘妃，所欲无不致。

① 失种：错失农时。
② 当锋：抵挡锋芒。
③ 石城：即石头城，在今江苏南京。
④ 齐萧氏：齐高帝萧道成。
⑤ 唐虞世：唐尧与虞舜，借指太平盛世。

jiǎn jīn wéi lián huā, shǐ rén bù yú dì.
剪金为莲花，使人布于地。

lìng fēi bù yú shàng, guān zhī yǐ wéi xǐ.
令妃步于上，观之以为喜。

běi wèi yǔ zhēng qiáng, jiāo bīng wú jiàn suì.
北魏与争强，交兵无间岁。①

dì wèi nán jiǔ jū, zhāo lì ér mù fèi.
帝位难久居，朝立而暮废。

wèi chuán qī dài wáng, guó shǔ liáng wǔ dì.
位传七代亡，国属梁武帝。

nán cháo liáng jì
南朝梁纪

liáng wáng dēng jīn jiē, sù xìng hào chí zhāi.
梁王登金阶，素性好持斋。②

shě shēn yú fó sì, fó fǎ dé xuān huī.
舍身于佛寺，佛法得喧豗。③

jù shàn yǐ shū sù, jué yù wèi bēi āi.
具膳以蔬素，决狱为悲哀。

tíng zhēng bà zhàn shì, jié yòng xī mín cái.
停征罢战士，节用惜民财。

① 间：一写作“闲”。间隔、停歇。
② 素性：本性。 持斋：佛教的饮食戒律，代指佛教信仰。
③ 喧豗：轰响的样子，形容声势浩大。

jiāng nán lài ān kāng mín hào xiǎo wú huái
江南赖安康，民号小无怀。①

hòu bèi hóu jǐng bī è sǐ tái chéng zāi
后被侯景逼，饿死台城灾。

hóu jǐng cuàn dì wèi sān yuè yù shān tuí
侯景篡帝位，三月玉山颓。②

luò zài zhōng bīng shǒu shēn shī sì sàn kāi
落在中兵手，身尸四散开。③

běi qí lián rù kòu tiān xià yǐ dài zāi
北齐连入寇，天下已殆哉。

xiāng chuán cái sì dì guó zuò fèi chén mái
相传才四帝，国祚废沉埋。

nán cháo chén jì

南朝陈纪

chén zhǔ miè hóu jǐng dé zhì dēng dì tíng
陈主灭侯景，得志登帝庭。

wèi jì xiōng zǐ lì qín jiǎn fǔ lí mín
位继兄子立，勤俭抚黎民。

sì jìng pō chún zhì lín guó jiāo xiāng qīn
四境颇淳治，邻国交相侵。④

① 无怀：即无怀氏，传说中远古时代的一位帝王，在伏羲之后。
② 玉山颓：此处指死亡。
③ 中兵："中兵参军"的简称。这里指广州中兵参军沈恪。
④ 淳治：和平安定。

hòu zhōu zhēng bǐ shì lián suì kùn sān jūn
后周争比势，连岁困三军。

wèi chuán chén hòu zhǔ shē chǐ ér huāng yín
位传陈后主，奢侈而荒淫。

zhāng lì huá dé chǒng yàn yǐn wú zhāo hūn
张丽华得宠，宴饮无朝昏。

hán qín hǔ rù jìn tóu jǐng shòu zāi zhūn
韩擒虎入禁，投井受灾迍。[①]

chuán dài fán wǔ shì mín sàn guó yǐ qīng
传代凡五世，民散国已倾。

nán běi hùn zhì cǐ yì bǎi qī shí chūn
南北混至此，一百七十春。

tiān xià guī yì zhǔ sì hǎi wú èr jūn
天下归一主，四海无二君。

suí jì
隋纪

yáng jiān dēng dì jī gǎi guó hào wéi suí
杨坚登帝基，改国号为隋。

xiān duó běi cháo wèi cì jué nán dì sì
先夺北朝位，次绝南帝嗣。

nán běi wéi yì tǒng zhū guó bà bīng shī
南北为一统，诸国罢兵师。

① 灾迍：祸患。

jiǎn yuē zhì tiān xià, fēng sú jiē huà zhī
俭约治天下，风俗皆化之。

quàn kè nóng sāng yè, mín jiān sù yǒu yú
劝课农桑业，民间粟有余。①

yán qín yú zhèng shì, cháo yě lài wú wéi
严勤于政事，朝野赖无为。

yīn sī bèi zǐ shì, bāng guó xī fēn lí
因私被子弑，邦国悉分离。

zǐ hào suí yáng dì, jí wèi hé qí yú
子号隋炀帝，即位何其愚。

zhèng shì qì bù lǐ, jiǔ sè xíng xiāng suí
政事弃不理，酒色行相随。

jīng yíng jí shē chǐ, fèi yòng rú bēng yí
经营极奢侈，费用如崩夷。②

jiǎn cǎi xuán lín yuàn, yùn zhōu tōng kāng qú
剪彩悬林苑，运舟通康衢。③

liú lián ér wàng fǎn, huāng wáng jìng bù guī
流连而忘反，荒亡竟不归。④

xīng bīng hào qīn wǔ, zhāo huò rě zāi yú
兴兵好侵侮，招祸惹灾虞。

zú suì wú xiū xī, mín kùn guó kōng xū
卒岁无休息，民困国空虚。

① 劝课：勉励督促。
② 崩夷：形容奢侈，花费极快。夷，将建筑夷为平地。
③ 康衢：此处指京杭大运河。
④ 竟：最终。

zéi dào rú fēng qǐ, dì yè yì zhāo huī
贼盗如蜂起，帝业一朝隳。①

pó yáng shì hóng qǐ, bīng jiàng shù wàn qí
鄱阳士弘起，兵将数万骑。②

jiàn hào chēng chǔ dì, lì wèi zài jiāng xī
僭号称楚帝，立位在江西。

lǐ mì yòu xué hào, niú jiǎo guà hàn shū
李密幼学好，牛角挂汉书。

zhì shì bīng yì qǐ, jù luò chēng wèi dū
至是兵亦起，据洛称魏都。③

liáng xiāo xǐ chēng dì, lì dū jiāng líng jū
梁萧铣称帝，立都江陵居。④

dì rì yín nüè shèn, chū bèi luàn bīng zhū
帝日淫虐甚，出被乱兵诛。

guó bài mín lí sàn, suí nǎi jué huáng tú
国败民离散，隋乃绝皇图。⑤

chuán wèi wèi sān shì, sān shí qī nián qū
传位未三世，三十七年祛。⑥

---

① 隳：毁灭。
② 士弘：林士弘。
③ 洛：洛口，在今河南巩县东。
④ 江陵：今湖北荆州。
⑤ 皇图：皇帝的版图，指王朝。
⑥ 祛：指灭亡。

唐纪

táng gāo zǔ jí wèi　cè mǎ shōu suí jiāng
唐高祖即位，策马收隋疆。

céng yīn tǎo tū jué　kǒng huò lái xiāng shāng
曾因讨突厥，恐祸来相伤。

qí zǐ quàn fù yì　chéng luàn xiào jiǎn shāng
其子劝父意，乘乱效翦商。[①]

yì gǔ ér xī wǎng　háo jié xī lái xiáng
一鼓而西往，豪杰悉来降。

yóu sī chéng dà yè　zūn fù wéi dì wáng
由斯成大业，尊父为帝王。

fù lǎo tài zōng jì　tiān xià wéi yì yǔ
父老太宗继，天下为一宇。

fā yù chū sǐ qiú　kāi gōng fàng yuàn nǚ
发狱出死囚，开宫放怨女。[②]

jī rén mài zǐ sūn　fēn jīn cì qí shú
饥人卖子孙，分金赐其赎。

wáng zú yǒu yí hái　sàn bó shōu guī tǔ
亡卒有遗骸，散帛收归土。[③]

shāo yào cì gōng chén　shā shēn sī bào bǔ
烧药赐功臣，杀身思报补。

① 翦商：周武王灭商，此处指消灭无道之君。
② 发：打开。　出：一写作“黜”。赦免放出。
③ 散帛：分发钱财。

shǔn chuāng fǔ zhàn shì xián ēn míng fèi fǔ
吮疮抚战士，衔恩铭肺腑。

jié lì láo wàn mín mín gè dé qí suǒ
竭力劳万民，民各得其所。

wěi zhèng wèn dà fū shāng yì gòng cái chǔ
委政问大夫，商议共裁处。①

tà xuě pò xiōng nú zhì fēng miè yí lǔ
踏雪破匈奴，栉风灭夷虏。②

xuě chǐ chóu bǎi wáng chú xiōng bào qiān gǔ
雪耻酬百王，除凶报千古。

hú yuè gòng yì jiā xí wén bù xí wǔ
胡越共一家，习文不习武。③

kāi guǎn zhào xián rú jiǎng lùn wén zhāng zǔ
开馆召贤儒，讲论文章祖。④

xué shì shí bā rén tóng bǎ cháo gāng fǔ
学士十八人，同把朝纲辅。

zuò yuè yàn qún chén cháng wéi qī dé wǔ
作乐宴群臣，尝为七德舞。

wèi zhēng wéi chéng xiàng zhì guó rú ān dǔ
魏征为丞相，治国如安堵。⑤

---

① 委政：将权力交付。
② 栉风：以风梳头，指其奔波劳碌。
③ 胡越：胡人在北，越人在南，泛指南北各民族。
④ 文章祖：指儒家典籍。孔子被称为“万世文章祖，历代帝王师”。
⑤ 安堵：安居。

dìng luàn bù yán gōng， dì dú chēng fáng dù。
定乱不言功，帝独称房杜。①

wéi xiàn dà bǎo zhēn， jiàn chén zhāng yùn gǔ。
惟献大宝箴，谏臣张蕴古。②

chuán wèi lì gāo zōng， zhèng yóu lǐ yì fǔ。
传位立高宗，政由李义府。

fèi zhèng huáng hòu wáng， chǒng lì zhāo yí wǔ。
废正皇后王，宠立昭仪武。

zhèn shā tài zǐ hóng， yīn wèi chǐ qí mǔ。
鸩杀太子弘，因为耻其母。③

táng huò zì cǐ méng， cháo gāng guī nǚ zhǔ。
唐祸自此萌，朝纲归女主。

zhōng zōng huáng dì lì， què bèi wǔ hòu fèi。
中宗皇帝立，却被武后废。

zhé wéi lú líng wáng， ér fù lì qí dì。
谪为庐陵王，而复立其弟。④

hòu míng wǔ zé tiān， lín cháo zì chēng zhì。
后名武则天，临朝自称制。⑤

yín luàn wú suǒ guī， chǒng ài sēng huái yì。
淫乱无所规，宠爱僧怀义。

① 房杜：房玄龄与杜如晦。
② 箴：一种劝诫的文体。
③ 鸩：毒药。
④ 弟：指唐睿宗李旦。
⑤ 称制：即位执政。

chāng zōng zhāng yì zhī，chū rù huáng gōng lǐ。
昌宗张易之，出入皇宫里。

nèi chén bù gǎn yán，wài rén yǐ wéi chǐ。
内臣不敢言，外人以为耻。

lǐ jìng yè qǐ bīng，zhí rù jīng chéng dì。
李敬业起兵，直入京城地。

yuè wáng zhēn yì qǐ，tóng jiù táng zōng shì。
越王贞亦起，同救唐宗室。①

móu fù lì zhōng zōng，wǔ chù wǔ hòu fèi。
谋复立中宗，忤触武后肺。②

dà shā táng zǐ sūn，gǎi guó hào zhōu shì。
大杀唐子孙，改国号周氏。

ruò fēi dí rén jié，táng shì jué hòu yì。
若非狄仁杰，唐室绝后裔。

zhōng zōng fù wéi dì，rén dào zài chū shì。
中宗复为帝，人道再出世。

chǒng yòng dì hòu wéi，zhuān quán bǐng cháo zhèng。
宠用帝后韦，专权秉朝政。

yǔ wǔ sān sī tōng，duì wéi bó lù xì。
与武三思通，对围博陆戏。③

rén gào wéi hòu yín，dì nù ér bèi shì。
人告韦后淫，帝怒而被弑。

① 越王贞：越王李贞。
② 肺：指内心。
③ 博陆：古代的棋戏。

ruì zōng fù lín cháo, chóng bǎ sān gāng lǐ
睿宗复临朝，重把三纲理。①

yáo sòng zǒng shū jī, nèi qīng ér wài zhì
姚宋总枢机，内清而外治。②

dì lì yòu sān nián, shàn wèi jū xián dì
帝立又三年，禅位居闲第。

táng míng huáng dēng jī, zuǒ xiàng yáo yuán zhī
唐明皇登基，左相姚元之。

sòng jǐng wéi yòu xiàng, zhōng wài lè yōng xī
宋璟为右相，中外乐雍熙。

hán xiū jiǔ líng jì, dì fàn bù yú guī
韩休九龄继，帝范不逾规。③

míng huáng hòu shē yù, chǒng ài yáng guì fēi
明皇后奢欲，宠爱杨贵妃。

guì fēi nèi yín luàn, lù shān yǎng zuò ér
贵妃内淫乱，禄山养作儿。④

zhòu yè jū gōng yè, dì xīn wú suǒ yí
昼夜居宫掖，帝心无所疑。⑤

chǒu shēng wén yú wài, chù zhí rèn biān yí
丑声闻于外，黜职任边夷。

① 三纲：指传统伦理纲常。
② 姚宋：唐代两位名相，姚崇和宋璟。 枢机：指朝廷的重要机构或职位。
③ 九龄：张九龄。
④ 禄山：安禄山。
⑤ 宫掖：指皇宫。 掖：宫中的旁舍。

fù ēn ér zào fǎn, jǔ kòu fàn jīng shī
负恩而造反，举寇犯京师。

liù bù jūn bù fā, dì jù chū chéng xī
六部军不发，帝惧出城西。

guì fēi cì bó sǐ, lù shān bīng shǐ guī
贵妃赐帛死，禄山兵始归。

jiān chén lǐ lín fǔ, yǎng huò luàn bāng jī
奸臣李林甫，养祸乱邦畿。

zhōng chén yán gǎo qīng, xǔ yuǎn yǔ zhāng xún
忠臣颜杲卿，许远与张巡。

shě shēn tǎo fǎn zéi, sǐ jié bào cháo tíng
舍身讨反贼，死节报朝廷。

sān shí liù dà jiàng, tóng sǐ suī yáng chéng
三十六大将，同死睢阳城。

lù shān jiàn chēng dì, jiàng yòng shǐ sī míng
禄山僭称帝，将用史思明。

lù shān bèi zǐ shì, sī míng bèi zǐ xíng
禄山被子弑，思明被子刑。

fù zǐ xiāng shā fá, qí dǎng zì wán jìn
父子相杀伐，其党自完尽。

sù zōng jū cháo tíng, pǐ jí tài jiāng shēng
肃宗居朝廷，否极泰将升。①

guō zǐ yí rù xiàng, zhōng wài zì qīng píng
郭子仪入相，中外自清平。

① 否：厄难、困厄。 泰：顺利、通畅。

lǐ guāng bì jì xiàng shǒu fǎ yóu zhǔn shéng
李光弼继相，守法犹准绳。
xīng shuāi rú zhuǎn gǔ shì pǐ yù chán chén
兴衰如转毂，世否遇谗臣。①

xià táng jì
下唐纪

dài zōng dēng cháo táng zì cǐ hào xià táng
代宗登朝堂，自此号下唐。
chū zhū lǐ fǔ guó zhòng zéi xī táo wáng
初诛李辅国，众贼悉逃亡。
fù cuàn chéng yuán zhèn huò luàn jìn xiāo cáng
复窜程元振，祸乱尽消藏。②
yáng wǎn wéi xiàng guó cháng gǔn tóng píng zhāng
杨绾为相国，常衮同平章。③
wǎn xiàng sān yuè zú dì qì ér bēi shāng
绾相三月卒，帝泣而悲伤。
yuán zài bèi wū xiàn chāo mò qí jiā náng
元载被诬陷，抄没其家囊。
hú jiāo bā bǎi hú tā wù bù kě fāng
胡椒八百斛，他物不可方。④

① 转毂：飞转的车轮，指变化快。
② 窜：驱逐。
③ 同平章："同中书门下平章事"的简称，与中书、门下二省协商处理政务，位同宰相。
④ 方：称量、计算。

dé zōng huáng dì lì, yòu fǔ shè cháo gāng
德宗皇帝立，祐甫摄朝纲。①

dì mìng shōu shí wàng, yú yuè mǎn cháo táng
帝命收时望，逾月满朝堂。②

liú yàn zǒng mín fù, yáng yán tóng píng zhāng
刘晏总民赋，杨炎同平章。③

shǐ jiàn liǎng zhēng fǎ, xià shuì yǔ qiū liáng
始建两征法，夏税与秋粮。④

liáng chén bái jū yì, míng xiàng dù huáng cháng
良臣白居易，名相杜黄裳。

wéi bāng zhì dà jié, zuò shì duō zhōu xiáng
为邦治大节，作事多周祥。⑤

shùn zōng jū dì bì, bā yuè shàn wèi wáng
顺宗居帝陛，八月禅位亡。

xiàn zōng yíng fó gǔ, hán yù biǎn cháo yáng
宪宗迎佛骨，韩愈贬潮阳。⑥

mù zōng lì sì zǎi, shǒu zhì wú sǔn shāng
穆宗立四载，守制无损伤。⑦

jìng zōng hào yóu yàn, liú lián ér huāng wáng
敬宗好游宴，流连而荒亡。

---

① 祐甫：崔祐甫。
② 收：召集。 时望：当时有名望的人。
③ 总：总揽。
④ 两征法：即“两税法”。
⑤ 祥：通“详”。
⑥ 潮阳：潮阳郡，在今广东一带。
⑦ 制：法度。

wén zōng xìn huàn zhě luàn zhèng hài xián liáng
文宗信宦者，乱政害贤良。

liú fén lǐ dé yù xiàn cè jiàn jūn wáng
刘蕡李德裕，献策谏君王。

wén guān xián gé bǐ huàn zhě zǒng cháo gāng
文官闲阁笔，宦者总朝纲。①

dì yǔ lǐ zhèng yì mì móu zhū huàn láng
帝与李郑议，密谋诛宦郎。②

zǎi chén wáng jiǎ děng wú gū jiàn xià wáng
宰臣王贾等，无辜剑下亡。③

péi dù zhī shí shì gào guī lǜ yě táng
裴度知时势，告归绿野堂。

wǔ zōng huáng dì lì biǎn xuē qiú shì liáng
武宗皇帝立，贬削仇士良。

xuān zōng wēi mìng zhòng zhōng wài liǎng ān kāng
宣宗威命重，中外两安康。

yì zōng huáng dì lì tiān xià dào chāng kuáng
懿宗皇帝立，天下盗猖狂。

shā tuó chén tǎo zéi cì míng lǐ guó chāng
沙陀臣讨贼，赐名李国昌。④

xī zōng huáng dì lì shì luàn suì jī huāng
僖宗皇帝立，世乱岁饥荒。

① 阁：搁置。

② 李郑：李训和郑注。

③ 王贾：王涯和贾悚。

④ 沙陀：西突厥十姓部落以外的一部。

huáng cháo zéi zuò luàn tiān xià mò gǎn dāng
黄巢贼作乱，天下莫敢当。①

jǔ bīng fàn dì què dì chū bēn shǔ bāng
举兵犯帝阙，帝出奔蜀邦。

néng chén lǐ kè yòng tǎo zéi jiù jìn yáng
能臣李克用，讨贼救晋阳。

zhāo zōng huáng dì lì yǒu zhì fù cháo gāng
昭宗皇帝立，有志复朝纲。

huàn zhě jì shù luàn dì chū bēn fèng xiáng
宦者季述乱，帝出奔凤翔。②

zhū wēn tǎo zéi luàn huàn zhě jìn zāo yāng
朱温讨贼乱，宦者尽遭殃。

zhū wēn jì dé zhì xié dì qiān luò yáng
朱温既得志，挟帝迁洛阳。

táng shì jiāng gēng tì tiān zǐ rú wáng yáng
唐室将更替，天子如亡羊。③

chuán dài èr shí sì guó jué yú āi huáng
传代二十四，国绝于哀皇。

qián hòu sān bǎi zǎi yí dàn guī hòu liáng
前后三百载，一旦归后梁。

① 当：抵挡。
② 季述：刘季述。
③ 亡羊：指地位丧失。

wǔ dài liáng jì
五代梁纪

liáng xīng hào wǔ dài, guó zuò bù jiǔ cháng
梁兴号五代，国祚不久长。①

qún xióng jiē jiàn hào, zhū zhèn bìng chēng wáng
群雄皆僭号，诸镇并称王。②

jūn wáng jiàn dì wèi, jiàng yòng wáng yàn zhāng
均王践帝位，将用王彦章。

chuán wèi cái yí shì, wěi guó fù hòu táng
传位才一世，委国付后唐。

wǔ dài táng jì
五代唐纪

táng zhǔ zhuāng zōng lì, suì suì dāo bīng jìng
唐主庄宗立，岁岁刀兵竞。

zhōng chén guō chóng tāo, shòu hài yú jì jí
忠臣郭崇韬，受害于继岌。③

dì xìng ài fēng liú, hào yǔ yōu rén xì
帝性爱风流，好与优人戏。④

zài wèi jǐn sān nián, què bèi pàn chén shì
在位仅三年，却被叛臣弑。

① 五代：唐灭亡后相继建立的梁、唐、晋、汉、周五个朝代，史称后梁、后唐、后晋、后汉、后周。

② 镇：方镇。

③ 继岌：李继岌。

④ 优人：古时以乐舞、戏谑为业的艺人，又称优伶。

míng zōng huáng dì lì, chí shēn yǐ qīng jiǎn
明宗皇帝立，持身以清俭。

měi yè yú gōng zhōng, fén xiāng gào shàng dì
每夜于宫中，焚香告上帝。

mǒu běn xì hú rén, yīn luàn zhòng suǒ lì
某本系胡人，因乱众所立。

yuàn tiān shēng shèng rén, jiù bá shēng líng mìng
愿天生圣人，救拔生灵命。

mǐn dì yǔ lù wáng, zì bào ér zì qì
闵帝与潞王，自暴而自弃。

pàn jiàng duó zhǔ quán, miè táng wéi hòu jìn
叛将夺主权，灭唐为后晋。①

wǔ dài jìn jì
五代晋纪

jìn zhǔ píng táng luàn, jiàng yòng sāng wéi hàn
晋主平唐乱，将用桑维翰。

gē dì xiàn qì dān, xiāng yī wéi lín àn
割地献契丹，相依为邻岸。

chū dì bèi fù méng, què yǔ qì dān pàn
出帝背父盟，却与契丹叛。

qì dān bīng rù jiāng, jìn zuò bèi qí cuàn
契丹兵入疆，晋祚被其篡。

① 叛将：指石敬瑭。

chuán wèi èr shì wáng tiān xià guī hòu hàn
传位二世亡，天下归后汉。

wǔ dài hàn jì
五代汉纪

hàn zhǔ liú zhī yuǎn shì jìn wēi míng xuān
汉主刘知远，事晋威名煊。

zhì shì dēng dì jī qì dān zāo zhú qiǎn
至是登帝畿，契丹遭逐遣。

zài wèi yì nián cú jiǎ bīng yóu wèi lěng
在位一年殂，甲兵犹未冷。[1]

yǐn dì bǐng huáng yóu èr dì gòng sì qiū
隐帝秉皇猷，二帝共四秋。

xìn chán shā zǎi fǔ nèi luàn wài shēng yōu
信谗杀宰辅，内乱外生忧。

zhū jiàng bù píng fú miè hàn guī hòu zhōu
诸将不平服，灭汉归后周。

wǔ dài zhōu jì
五代周纪

zhōu zhǔ chuán sān dài guó zuò yòu gēng gǎi
周主传三代，国祚又更改。

shì jiè sì guā fēn rén mín rú wǎ jiě
世界似瓜分，人民如瓦解。

① 甲兵：盔甲与兵器。

wǔ dài xiāng jì chéng　sù chéng huán sù bài
五代相继承，速成还速败。

fēi guān qì yùn shuāi　dì dào nán chéng zài
非关气运衰，帝道难承载。

jiè wèn jǐ duō nián　gòng jì wǔ shí zǎi
借问几多年，共计五十载。

sòng jì
宋纪

sòng zǔ zhào kuāng yìn　wàn mín zhī gāng lǐng
宋祖赵匡胤，万民之纲领。

zhì lì píng zhōng yuán　sì hǎi wéi yí bìng
致力平中原，四海为一并。①

jī zhě dé jiā sūn　kùn zhě dé sū xǐng
饥者得加飧，困者得苏醒。②

diān zhě dé fú chí　wēi zhě dé ān wěn
颠者得扶持，危者得安稳。

hú lǔ xī chí qū　mán yí bà fēng rèn
胡虏息驰驱，蛮夷罢锋刃。

cāng shēng dǔ tài píng　zhōng yè dé ān qǐn
苍生睹太平，终夜得安寝。

tiān shēng dé yú sī　shè jì dé cháng yǒng
天生德于斯，社稷得长永。

① 一并：一体。
② 飧：通“餐”。

kāi yàn yàn gōng chén, bēi jiǔ shì bīng bǐng
开宴宴功臣，杯酒释兵柄。

zé biàn hǎo tián lú, ān zhì shí shǒu xìn
择便好田庐，安置石守信。①

cáo bīn zǒng bīng quán, shì zú wú shāng sǔn
曹彬总兵权，士卒无伤损。

zhào pǔ fǔ guó zhèng, dì yǒu wéi bì qǐng
赵普辅国政，帝有为必请。②

pǔ huò gào yǎng qīn, zhé jǔ lǚ yú qìng
普或告养亲，辄举吕馀庆。③

shàng xià xī tiáo tíng, zhōng wài jiē jìng jǐn
上下悉调停，中外皆敬谨。

tài zōng tài dì lì, zūn fèng tài hòu lìng
太宗太弟立，遵奉太后令。④

zhì guó yòng zhǎng jūn, shè jì zhōng wú sǔn
治国用长君，社稷终无损。

shǒu jǔ zhāng qí xián, fù xiàng xuē jū zhèng
首举张齐贤，复相薛居正。

kě xī zhāo yǔ fāng, bù dé xíng fù zhèng
可惜昭与芳，不得行父政。⑤

---

① 便好：利好。

② 有为：有所施为、行动。

③ 告养亲：以奉养父母之名告老还乡。

④ 太宗：赵匡胤之弟太宗皇帝赵匡义。杜太后以后周幼主继位亡国为鉴，让赵匡胤立下“金匮之盟”，约定其逝后由其弟赵匡义继位。

⑤ 昭与芳：赵匡胤之子赵德昭与赵德芳。宋太宗继位后不久，两人相继去世。

lǚ méng zhèng wéi xiàng, xián shì tāo jiàn yǐn
吕蒙正为相，贤士叨荐引。①

wáng yòu zhòng sān huái, sì shì dēng tái dǐng
王祐种三槐，四世登台鼎。②

wáng dàn wéi sān gōng, yǒu fàn ér wú yǐn
王旦为三公，有犯而无隐。③

zhēn zōng huáng dì lì, yǐ dé xíng rén zhèng
真宗皇帝立，以德行仁政。

xīng xué quàn nóng sāng, wǔ gǔ chén cāng lǐn
兴学劝农桑，五谷陈仓廪。

tái jiàn xiàng mǐn zhōng, píng zhāng lǐ wén jìng
台谏向敏中，平章李文靖。④

kòu zhǔn yǔ dīng wèi, fú xū chéng chóu xìn
寇准与丁谓，拂须成仇衅。

wáng zēng zhòng sān yuán, chí shēn yù qīng jǐn
王曾中三元，持身愈清谨。⑤

rén zōng jū shèng cháo, yí jiǎn wéi cān móu
仁宗居圣朝，夷简为参谋。⑥

wén guān bāo chéng xiàng, zhí fǎ lùn wáng hóu
文官包丞相，执法论王侯。⑦

① 叨：蒙受。
② 台鼎：宰相等重臣职位。
③ 犯：因直谏而冒犯。
④ 台谏：唐、宋时期，以御史为台官，给事中、谏议大夫等为谏官，统称“台谏”。
⑤ 三元：科举考试中乡试、会试、殿试均为第一名。
⑥ 夷简：吕夷简。
⑦ 包丞相：包拯。

dí qīng wéi wǔ jiàng，yōu fú guǎng yuán zhōu
狄青为武将，攸服广源州。[①]

fàn zhòng yān zòu shì，jiàng zhí shǒu ráo zhōu
范仲淹奏事，降职守饶州。

liáng chén wén yàn bó，xián zǎi ōu yáng xiū
良臣文彦博，贤宰欧阳修。

gōng xīn tóng xié zhèng，jiān dǎng jué jiāo yóu
公心同协政，奸党绝交游。

hán qí lǚ gōng zhù，jié lì zhù huáng yóu
韩琦吕公著，竭力助皇猷。

yīng zōng shén zōng jì，tīng yòng nìng chén móu
英宗神宗继，听用佞臣谋。

jīng gōng wáng jiè fǔ，biàn fǎ zhēng qīng miáo
荆公王介甫，变法征青苗。[②]

táng jiè fù bì děng，jiàn bù tīng ér xiū
唐介富弼等，谏不听而休。

zhào biàn zēng gōng liàng，jí jiàn yǐ chéng chóu
赵抃曾公亮，极谏以成仇。

liú qí sū zhé děng，shàng shū zhé nán zhōu
刘琦苏辙等，上疏谪南州。

shēng lǎo bìng sǐ kǔ，zhì zhě wèi xīn yōu
生老病死苦，知者为心忧。[③]

① 攸：迅疾。 广源州：在今广西与越南交界处一带。

② 青苗：即“青苗法”，王安石变法内容之一。

③ 生老病死苦：因对变法态度不一，当时朝中有“中书有生、老、病、死、苦”一说，意即王安石生、曾公亮老、富弼病、唐介死、赵抃苦。

zhé zōng lì chōng yòu tài hòu zhǎng huáng yóu
哲宗立冲幼，太后掌皇猷。①

sī mǎ guāng rù xiàng xīn fǎ xī jiē xiū
司马光入相，新法悉皆休。

jiù mín yú shuǐ huǒ cháo yě lè wú yōu
救民于水火，朝野乐无忧。

zhāng dūn jì wéi xiàng sī fù dǎng rén chóu
章惇继为相，思复党人仇。

sū shì hào jī yì zhì jiàng wèi tíng liú
苏轼好讥议，陟降未停留。②

sòng dé lóng shèng zhì míng xián yì shí qǐ
宋德隆盛治，名贤一时起。

lián xī zhōu xiān shēng hé nán chéng fū zǐ
濂溪周先生，河南程夫子。③

wēn guó shào yáo fū héng qú wáng ān lǐ
温国邵尧夫，横渠王安礼。④

liù jīng chéng piān zhāng sì shū yǒu zhōng shǐ
六经成篇章，四书有终始。⑤

zhū zǐ bǎi jiā wén jù dé biāo míng zhǐ
诸子百家文，俱得标名纸。⑥

---

① 冲：幼小。

② 陟降：升降、上下。

③ 周先生：周敦颐。 程夫子：程颢、程颐。

④ 温国：司马光。 邵尧夫：邵雍。 横渠：张载。

⑤ 六经：《诗》《书》《礼》《乐》《易》《春秋》。 四书：《论语》《孟子》《大学》《中庸》。

⑥ 标名纸：指记录流传下来。

shèng xián dào dà xíng，liú chuán qiān wàn shì。
圣贤道大行，流传千万世。

tài yùn nán jiǔ liú，ān wēi cháng wèi dìng。
泰运难久留，安危常未定。①

huì ān zhū wén gōng，zuò jiàn xiū guó shǐ。
晦庵朱文公，作鉴修国史。②

sōu jí kǒng mèng yán，xuē chú yáng mò yǔ。
搜辑孔孟言，削除杨墨语。③

huī qīn zhī jì shuāi，mín jiān duō guài yì。
徽钦之际衰，民间多怪异。④

nǚ zǐ liǎn shēng xū，nán zǐ fù dàn zǐ。
女子脸生须，男子腹诞子。

zhāo rě jīn rén huò，jiē yóu cài jīng qǐ。
招惹金人祸，皆由蔡京起。

tóng guàn shàn zhuān quán，yǔ jīng xiāng biǎo lǐ。
童贯擅专权，与京相表里。

tóng yǔ jīn rén móu，gòng tú qì dān dì。
童与金人谋，共图契丹地。

qì dān jì yǐ wáng，yǐn huò hài zì jǐ。
契丹既已亡，引祸害自己。

① 常：一写作“尚”。
② 晦庵朱文公：朱熹。 鉴：指《资治通鉴纲目》。
③ 孔孟：孔子、孟子。 杨墨：杨朱、墨翟。
④ 徽钦：宋徽宗、宋钦宗。

jūn chén bù xié xīn　què shòu jīn rén chǐ
君臣不协心，却受金人耻。[1]

èr dì bèi jīn fú　guó shì rú yì xǐ
二帝被金俘，国市如一洗。

huáng hòu fēi pín qiáng　shì chén bìng nèi shǐ
皇后妃嫔嫱，侍臣并内史。

jīn yù xǐ shòu tú　chē gài bǎi wù qì
金玉玺绶图，车盖百物器。[2]

chǐ dì wú suǒ cún　wéi yǒu yān chén qǐ
尺地无所存，唯有烟尘起。

qū pò yú mǎ qián　xí juǎn guī yí dí
驱迫于马前，席卷归夷狄。[3]

sì hǎi jìn bēi shāng　bǎi xìng jiē xià lèi
四海尽悲伤，百姓皆下泪。

zì gǔ wéi jūn nán　wéi chén yì bú yì
自古为君难，为臣亦不易。

wéi yǒu bù liáng chén　qiān zǎi huì qīng shǐ
唯有不良臣，千载秽青史。[4]

① 金人耻：指“靖康之耻”。
② 绶：系玉玺的丝绸。
③ 夷狄：这里指金国。
④ 秽：玷污。　青史：古时以青竹做简记事，故后世将史籍称青史。

南宋纪

nán sòng jì

gāo zōng nán dù hé, gǎi chēng zhōng xīng jì.
高宗南渡河，改称中兴纪。

lì wèi zài nán jīng, ān cuò mín xīn zhì.
立位在南京，安措民心志。①

bú gù fù xiōng chóu, tīng yòng jiān chén jì.
不顾父兄仇，听用奸臣计。②

jīn zéi fù nán qīn, sòng chén wú zhǔ yì.
金贼复南侵，宋臣无主意。

fèng dì jiàn xíng yíng, chū bēn wú yuǎn jìn.
奉帝建行营，出奔无远近。③

zōng zé hán shì zhōng, jìn xīn yǐ sǐ mìng.
宗泽韩世忠，尽心以死命。

qín huì duō yīn móu, zhuān quán zhǔ hé yì.
秦桧多阴谋，专权主和议。

dù zhèng hài zhōng liáng, yuè fēi zāo qū sǐ.
妒正害忠良，岳飞遭屈死。

qún chén mò gǎn yán, shòu zhì ér yǐ yǐ.
群臣莫敢言，受制而已矣。

jīn rén shì lì qiáng, sòng shòu hài bù yǐ.
金人势力强，宋受害不已。

---

① 南京：宋高宗赵构在南京应天府（今河南商丘）即位，后又南逃至临安（今浙江杭州）。　安：一写作“按”，安抚。

② 父兄：指赵构的父亲宋徽宗和长兄宋钦宗。

③ 行营：行军路上临时性的军营。

yuàn zūn jīn wéi jūn，sòng zì chēng chén zǐ。
愿尊金为君，宋自称臣子。

hú quán yǐ jí yán，chēng chén tiān xià chǐ。
胡铨以极言，称臣天下耻。

xiào zōng guāng zōng jì，hùn dùn zhōng qí shì。
孝宗光宗继，混沌终其世。

xián cái suī yǒu zhī，bù dé xíng qí zhì。
贤才虽有之，不得行其志。

níng zōng yǔ lǐ zōng，zhèng bèi jiān chén xuē。
宁宗与理宗，政被奸臣削。

tuō zhòu zì zhuān quán，sòng gāng cóng cǐ chí。
侂胄恣专权，宋纲从此弛。①

jīn zài lǐ zōng cháo，guó zuò yì miè yǐ。
金在理宗朝，国祚亦灭矣。

dù zōng huáng dì lì，tiān mìng jiāng qù yǐ。
度宗皇帝立，天命将去矣。

hú rén yuán zhǔ xīng，zhōu jùn zāo gē qǔ。
胡人元主兴，州郡遭割取。②

chěng shì rù zhōng yuán，sòng bīng nán dí dǐ。
逞势入中原，宋兵难敌抵。

xiào gōng yì shèng huáng，bèi zhí guī hú dì。
孝恭懿圣皇，被执归胡地。

① 侂胄：韩侂胄。 弛：废弛。
② 胡人：指蒙古族。

tán zhōu lǐ fú chén　lì jìn quán jiā sǐ
潭州李芾臣，力尽全家死。

duān zōng yǔ dì bǐng　shì luàn bù kě lì
端宗与帝昺，世乱不可立。

qì wèi jū hé zhōu　piāo bó wú dìng zhǐ
弃位居河舟，漂泊无定止。①

zhí yì wén tiān xiáng　juān shēng jiāng wàn lǐ
执义文天祥，捐生江万里。

shì jié lù xiù fū　lín sǐ xīn rú shǐ
世杰陆秀夫，临死心如矢。②

wén wǔ bǎi guān liáo　dì hòu bìng fēi zǐ
文武百官僚，帝后并妃子。

bīng zú shí wàn yú　bìng sǐ dōng hǎi lǐ
兵卒十万余，并死东海里。

jù yù zhēng dì jī　shì bài bù kě yǐ
俱欲争帝畿，势败不可已。

hòu mì huò dì shī　yāo jiān dé shòu xǐ
后觅获帝尸，腰间得绶玺。

sòng qǐ wú zhōng chén　tiān yùn zhǐ hū cǐ
宋岂无忠臣，天运止乎此。

qián hòu shí bā dài　sān bǎi yú nián jì
前后十八代，三百余年纪。

① 居河舟：指宋怀宗为躲避元军在海上流亡。
② 世杰：张世杰。

元纪
yuán jì

dà yuán huáng dì xīng qí zǔ běn hú rén
大元皇帝兴，其祖本胡人。

miè sòng jū zhōng guó yǐ dé huà lí mín
灭宋居中国，以德化黎民。

yòng xià biàn yí dào fēng sú jìn huán chún
用夏变夷道，风俗尽还淳。①

qīng yáo bó shuì liǎn jié yòng shěng fán xíng
轻徭薄税敛，节用省繁刑。

gōng shēn yú gé lǎo yǐ lǐ xià gōng qīng
躬身于阁老，以礼下公卿。②

tiān xià yì qū yǔ sì hǎi lè shēng píng
天下一区宇，四海乐升平。③

chéng zōng huáng dì lì cháo yě xī tiáo tíng
成宗皇帝立，朝野悉调停。

wǔ zōng dēng dì wèi xià zhào fēng kǒng tíng
武宗登帝位，下诏封孔庭。④

zhū xián jiē shòu zèng shèng dào fù gāo míng
诸贤皆受赠，圣道复高明。⑤

---

① 用夏变夷道：指中原文化对北方少数民族的风气影响。 淳：淳朴、文明。

② 阁老：对宰相、大学士或内阁资深人员的尊称。

③ 区宇：境域。

④ 封孔庭：元武宗封孔子为“大成至圣文宣王”。

⑤ 受赠：被敕封爵位或名号。

rén zōng yīng zōng jì suì rěn shì ān níng
仁宗英宗继，岁稔世安宁。[①]

rén mín tāo lè yè jūn lǚ bà yáo zhēng
人民叨乐业，军旅罢徭征。

tíng shì qǔ kē dì cái jié bìng chāo shēng
廷试取科第，才杰并超升。

jìn wáng tài dìng lì kě chēng wéi zhì píng
晋王泰定立，可称为治平。[②]

wén zōng jì dì wèi yǐ wèi ràng yú xiōng
文宗继帝位，以位让于兄。

míng zōng suī chēng dì wèi dé dēng dì tíng
明宗虽称帝，未得登帝廷。

níng zōng nián qī suì jí wèi shù xún qīng
宁宗年七岁，即位数旬倾。

cóng cǐ hòu duō shì zāi shēng guài yì xīng
从此后多事，灾生怪异兴。

shùn huáng dì jí wèi dài zhèng chí lún jīng
顺皇帝即位，殆政弛纶经。[③]

dì zhèn shān bēng liè rì wǔ jiàn yāo xīng
地震山崩裂，日午见妖星。[④]

① 岁稔：年成丰熟。 稔：庄稼成熟。
② 治平：政治清明，天下安定。
③ 殆：通“怠”。
④ 日午：白日中午。 妖星：古代象征灾祸的星象，如彗星。

shì yù dān yóu yàn，zòng chǐ kùn shēng líng
嗜欲耽游宴，纵侈困生灵。①

suì jī mín xiāng shí，sì hǎi dòng gē bīng
岁饥民相食，四海动戈兵。

liú fú tōng zuò luàn，zì hào hóng tóu jīn
刘福通作乱，自号红头巾。

chén yǒu liàng chēng dì，shuǐ zhàn pó hú bīn
陈有谅称帝，水战鄱湖滨。②

zhōng chén sān shí liù，sǐ jié yú bō xīn
忠臣三十六，死节于波心。

lì miào kāng shān shàng，qiān zǎi yǎng xióng míng
立庙康山上，千载仰雄名。③

zhū xiōng jiē jiàn hào，bǎi xìng rú yáng chén
诸凶皆僭号，百姓如扬尘。

shùn dì zhī shì bài，qì wèi guī biān tíng
顺帝知势败，弃位归边廷。④

chuán wèi fán shí dì，gōng yè yì zhāo qīng
传位凡十帝，功业一朝倾。

guāng yīn néng jǐ xǔ，bā shí jiǔ nián líng
光阴能几许，八十九年零。

① 耽：沉迷。
② 鄱湖：鄱阳湖。
③ 康山：康郎山，在鄱阳湖中。
④ 边廷：元顺帝带残部退居漠北，史称“北元”。

明纪

míng jì

太祖明皇帝，生时火烛邻。
红罗浮江至，母拾洗儿辰。①
世居在淮右，状貌异常人。②
襁褓中多疾，父欲度为僧。
及后双亲殁，皇觉寺托身。③
紫衣同寝室，微时有异征。④
身虽为僧侣，有志安生民。
稽首伽蓝座，以珓卜前程。⑤
伽神示吉兆，决意去从军。

① 洗儿：在江边为婴儿沐浴。
② 淮右：宋代在皖中和苏中设淮南西路和淮南东路，淮南西路称淮右，淮南东路称淮左。朱元璋故乡濠州（今安徽凤阳）属淮右。
③ 殁：死亡。
④ 微时：身份低贱之时。
⑤ 伽蓝：佛教寺院。　珓：占卜用具。一般用两块蚌壳或竹片制成，抛掷地上，以占吉凶。

fèn rán rù háo jùn bèi zhí jiàn zǐ xīng
奋然入濠郡，被执见子兴。①

zǐ xīng qí dì mào dà yuè guǎn wéi shēng
子兴奇帝貌，大悦馆为甥。②

yǒu rú yú dé shuǐ dà quán fù zhǎng bīng
有如鱼得水，大权付掌兵。

yì shí háo jié fù shǒu tuī cháng yù chūn
一时豪杰附，首推常遇春。

jì ér xú dá bèi xiān hòu jìn guī xīn
继而徐达辈，先后尽归心。

yì jǔ xī hàn miè zài zhàn dōng wú píng
一举西汉灭，再战东吴平。③

sān jià yuán dū kè shù nián dì yè chéng
三驾元都克，数年帝业成。

tiān shòu fēi rén lì dìng dǐng zài jīn líng
天授非人力，定鼎在金陵。④

dì fāng yù jí shǐ shǒu zhòng zài rú chén
帝方御极始，首重在儒臣。⑤

tíng shī fǎng zhì dào quàn kè jí tián gēng
廷师访治道，劝课籍田耕。⑥

---

① 濠郡：即濠州。 执：抓住。 子兴：郭子兴。
② 馆：款待。 甥：女婿。郭子兴将义女马氏嫁给朱元璋，招他做女婿。
③ 西汉：元末陈友谅建立的政权。 东吴：元末张士诚在浙西建立的政权。
④ 金陵：今江苏南京。
⑤ 方：刚刚。 御极：登上皇位。
⑥ 廷：聘请。 劝课：鼓励督促。 籍田：古代天子亲自耕种的田地。

huǐ chuáng què zhú diàn jiǎn dé shí kān qīn
毁床却竹簟，俭德实堪钦。①

lín cháo jiè mǔ hòu yù zhèng fáng wài qīn
临朝戒母后，预政防外亲。②

guān bú lì chéng xiàng zhèng shì guī liù qīng
官不立丞相，政事归六卿。③

nèi shì jìn shí zì zhōng guān bù diǎn bīng
内侍禁识字，中官不典兵。④

huáng tú gǔ wèi yǒu qiān qiū sòng shèng míng
皇图古未有，千秋颂圣明。

jiàn wén běn cí rén rú hé wèi bù bǎo
建文本慈仁，如何位不保。

lùn zhě jiù xuē fān yān móu jiū xù zǎo
论者咎削藩，燕谋究蓄早。⑤

dēng bì bú bài shí zhuó jìng jī xiān xiǎo
登陛不拜时，卓敬机先晓。

ruò tīng xǐ fēng yán jìng nàn bīng bù rǎo
若听徙封言，靖难兵不扰。⑥

zài tíng qǐ wú rén qí huáng shū jì zuǒ
在廷岂无人，齐黄殊计左。⑦

① 床：陈友谅的镂金床。 竹簟：竹席。
② 戒：防备。
③ 六卿：指吏、户、礼、工、刑、兵六部尚书。
④ 典兵：统领军队。
⑤ 咎：归咎于。 燕：燕王朱棣。
⑥ 徙封：改封。 靖难：朱棣造反夺取皇位，史称“靖难之变”。
⑦ 齐黄：齐泰、黄子澄。 左：偏颇、不当。

pī zī xuē fà táo　wù zhǔ huò bù xiǎo
披缁削发逃，误主祸不小。①

chéng zǔ huáng dì lì　fā jì zài yān jīng
成祖皇帝立，发迹在燕京。

tú gē guǒ yǒu yàn　yàn fēi rù dì chéng
途歌果有验，燕飞入帝城。②

jiū nán táo yí zì　liú jǐng yǔ kān jīng
究难逃一字，刘璟语堪惊。

jiù jūn chéng jì chū　xīn zhǔ jǐng lóng yíng
旧君程济出，新主景隆迎。③

zhū shì shān hé jiù　cháo tíng zhèng shì xīn
朱氏山河旧，朝廷政事新。

shǒu fù zhū wáng jué　miè qīn bù shī qīn
首复诸王爵，灭亲不失亲。

lì jīng yǐ tú zhì　suǒ yòng jiē xián chén
励精以图治，所用皆贤臣。

xīn jìn bèi gù wèn　lǎo chén jì fù xīn
新进备顾问，老臣寄腹心。④

tè mìng hú guǎng bèi　biǎo zhāng wéi liù jīng
特命胡广辈，表章唯六经。

yòu mìng yáo guǎng xiào　zuǎn jí wén xiàn chéng
又命姚广孝，纂集文献成。

---

① 缁：僧衣。

② 途歌：《明史·五行志》载：建文初年，有道士歌于途曰："莫逐燕，逐燕日高飞，高飞上帝畿。"

③ 景隆：李景隆。

④ 新进：新提升之人。

dìng yè xiān shī lǐ, pí biàn sì bài xíng
定谒先师礼，皮弁四拜行。①

juān zū yǔ zhèn dài, wàn xìng mù huáng rén
蠲租与赈贷，万姓沐皇仁。②

yù wǎn què gòng xiàn, huàn zhuó yǐ zhāng shēn
玉碗却贡献，浣濯以章身。③

yù bó wàn fāng zhǔ, jiǎn dé yóu cháng qíng
玉帛万方主，俭德由常情。

nì qǔ ér shùn shǒu, jūn zāi jìn shì yīng
逆取而顺守，君哉近世英。

hóng xī zhēn lìng zhǔ, xī bù xiǎng qí nián
洪熙真令主，惜不享其年。④

jiān guó èr shí zǎi, jí wèi zhèng cóng kuān
监国二十载，即位政从宽。

fù zǎo bā shí wàn, qióng mín hé yǐ kān
赋枣八十万，穷民何以堪。

jí mìng jiǎn qù bàn, lǘ yán shēng xǐ huān
即命减去半，闾阎生喜欢。⑤

zuò cháo fēng lǐn liè, yīn sī biān jiàng hán
坐朝风凛冽，因思边将寒。

① 皮弁：皮制冠帽，重要场合佩戴。
② 蠲租：免除租税。
③ 却：拒绝。　章：彰显。
④ 令：美善。
⑤ 闾阎：指民间。

dà shè jiàn wén dǎng gèng fù yuán jí guān
大赦建文党，更复原吉官。①

qǔ shì shōu nán běi fěi bàng wú zuì qiān
取士收南北，诽谤无罪愆。②

shàn zhèng nán méi jǔ shǐ cè zhù bān bān
善政难枚举，史册著班班。③

xuān zōng huáng dì lì tiān xìng zuì yīng míng
宣宗皇帝立，天性最英明。

shí dāng gāo xù biàn ruì yì wǎng qīn zhēng
时当高煦变，锐意往亲征。④

zhào wáng wéi zōng shì bǎo quán yì bù qīng
赵王为宗室，保全谊不轻。

shí běn chén shān chù bìng jí bà zhāng yīng
识本陈山黜，并及罢张瑛。

shì qí shí zhèng tǐ qín fǎng jí fū chén
士奇识政体，勤访即敷陈。⑤

xìng zhái céng fú jiàn yǐ hòu bù wēi xíng
幸宅曾伏谏，以后不微行。⑥

yī lán zhāo yǐn zuò bīn fēng shū diàn tíng
猗兰招隐作，豳风书殿廷。⑦

① 原吉：夏原吉。
② 南北：明仁宗所定的科举“南北榜”，南六北四。
③ 班班：显著。
④ 高煦：明成祖次子，汉王朱高煦。
⑤ 士奇：杨士奇。　敷陈：详细陈述。
⑥ 幸：皇帝亲临。　微行：微服出行。
⑦ 猗兰招隐：《猗兰操》与《招隐诗》。　豳风：赵孟頫所绘《豳风图》。

shí xià kuān xù zhào　mín jiān bú làn zhēng
时下宽恤诏，民间不滥征。①

zhèng tǒng shào dēng jí　chū zhèng yóu kě guān
正统少登极，初政犹可观。

xián hòu nèi lǐ zàn　sān yáng wài fǔ xián
贤后内理赞，三杨外辅贤。②

biàn diàn xuān yì zhǐ　yù zhū wáng zhèn jiān
便殿宣懿旨，欲诛王振奸。③

dì guì wèi zhī jiě　tài hòu yì huí yán
帝跪为之解，太后亦回颜。

suǒ yán duō wēi zhòng　jiàn jiàn xìn rèn jiān
所言多微中，渐见信任坚。

biān jiāng bú kè shǒu　yě xiān rù kòu guān
边疆不克守，也先入寇关。④

qīn zhēng zhèn xié dì　méng chén tǔ mù jiān
亲征振挟帝，蒙尘土木间。⑤

zhōng huá xìng yǒu zhǔ　dì shàng dé shēng huán
中华幸有主，帝尚得生还。

jǐng tài suī dài wèi　jí cǎo fù chéng quán
景泰虽代位，疾草复乘权。

huán wǒ tǔ dì yáo　shì fēi chū ǒu rán
还我土地谣，事非出偶然。

① 时：时常。

② 赞：辅佐。　三杨：杨荣、杨士奇、杨溥。

③ 便殿：别殿。供皇帝休息宴饮的宫殿。

④ 克：能够。　也先：当时蒙古瓦剌部首领。

⑤ 土木：土木堡，在今河北。

jǐng tài chū jiān guó rén qíng shàng dòng yáo
景泰初监国，人情尚动摇。

yí zì shēng fǔ zuò shǒu gù guó běn láo
一自升黼座，守固国本牢。①

yě xiān fàn dì què tài jiàn xǐ níng zhāo
也先犯帝阙，太监喜宁招。

nán qiān jì zuì xià bèi yù cè wéi gāo
南迁计最下，备御策为高。②

shàng huáng chuán shǐ mìng mì bǎ xǐ níng xiāo
上皇传使命，密把喜宁枭。③

qiáng lǔ shī xiàng dǎo shàng huáng dé fǎn cháo
强虏失向导，上皇得返朝。

rén xīn wèi yàn dé xǐ zhǎng jiù shān hé
人心未厌德，喜掌旧山河。

nài hé nán gōng gù bù wén xùn guó táo
奈何南宫锢，不闻逊国逃。④

yì chǔ yǐ rěn yǐ fá shù bó rú hé
易储已忍矣，伐树薄如何。

sì shāng shēn fù yǔn tiān mìng zì zhāo zhāo
嗣殇身复殒，天命自昭昭。⑤

① 黼座：皇帝宝座。

② 备御：防卫。

③ 上皇：即明英宗。土木堡之变后，代宗即位，尊英宗为太上皇。 枭：斩首。

④ 锢：禁锢。 逊国：将皇位让给别人。

⑤ 殇：夭折。

shí hēng zhāng yuè móu yíng fù yì hé láo
石亨张軏谋，迎复亦何劳。

xiàn zōng huáng dì lì xiào yǎng liǎng gōng chóng
宪宗皇帝立，孝养两宫崇。①

wàng xián huán jǐng hào fù zhì shí yú zhōng
忘嫌还景号，复秩识于忠。②

péng cú yǔ shāng qù xiāo xiǎo dà tíng róng
彭殂与商去，宵小大廷容。③

liú wàn jū zǎi wèi wāng zhí jù yào chōng
刘万居宰位，汪直据要冲。④

yāo rén lǐ zī shěng yín yuán rù jìn zhōng
妖人李孜省，夤缘入禁中。⑤

gèng jiān sēng jì xiǎo yǐ mì shù qián tōng
更兼僧继晓，以秘术潜通。

cóng cǐ yán lù sè zhèng rén jiē yuǎn zōng
从此言路塞，正人皆远踪。

huái ēn suī kàng zhí kě xī bù néng róng
怀恩虽抗直，可惜不能容。

hóng zhì chēng xián zhǔ rén xiào fù jiǎn gōng
弘治称贤主，仁孝复俭恭。

① 两宫：宪宗将英宗钱皇后与生母周贵妃并尊为皇太后。 崇：尊崇。

② 景：英宗复辟后，曾削除代宗名号。宪宗继位后，不计前嫌，为代宗定谥为“景帝”。于：于谦。

③ 彭：彭时。 商：商辂。 宵小：小人。

④ 刘万：刘吉、万安。

⑤ 夤缘：阿上钻营、攀附权贵。

cóng róng pín gù wèn　sì xiàng yì xīn tóng
从容频顾问，四相一心同。

wàn yǐn jù bà chì　zī shěng zhū bù róng
万尹俱罢斥，孜省诛不容。①

tái gé jiē shí jié　jiàng zuǒ bèi biān róng
台阁皆时杰，将佐备边戎。②

kě xī zōu zhì biǎn　shī jù xiě gū zhōng
可惜邹智贬，诗句写孤忠。

chóng fó xìn zhāi jiào　sì guàn chǐ xiū qì
崇佛信斋醮，寺观侈修葺。③

suī wéi shèng dé lěi　qiān gǔ yǎng huáng fēng
虽为盛德累，千古仰皇风。

zhèng dé hào yóu yàn　shén qì bù guān huái
正德好游宴，神器不关怀。④

bā dǎng shí bìng qǐ　liú jǐn zuì zhī kuí
八党时并起，刘瑾罪之魁。⑤

qiǎo wěi yǐ huò zhǔ　hán wén jí lì pái
巧伪以惑主，韩文极力排。

yān shì suī nán shèng　jiào shèng bàn shí cái
阉势虽难胜，较胜伴食才。⑥

---

① 万尹：万安、尹直。　孜省：李孜省。
② 台阁：内阁。
③ 斋醮：僧道设坛祈祷神佛的仪式。
④ 神器：指帝位、政权。
⑤ 八党：明武宗宠信的八个宦官，又称“八虎”。
⑥ 伴食才：指李东阳等人，身居宰辅之位而为求自保不作为。

dào zéi shí fēng qǐ sì hǎi shòu qí zāi
盗贼时蜂起，四海受其灾。

dì yóu bù zhī huǐ zòng lè jié mín cái
帝犹不知悔，纵乐竭民财。

qiě yàn jū dà nèi yù biàn tiān zhī yá
且厌居大内，欲遍天之涯。[①]

zì chēng wéi zhū shòu jiàn chén bù bǎo hái
自称为朱寿，谏臣不保骸。

xíng zhì bào fáng mò huǐ zhī yì wǎn zāi
行至豹房殁，悔之亦晚哉。

jiā jìng jì dà tǒng shēng shí yǒu yì zhēng
嘉靖继大统，生时有异征。

hé qīng jì biǎo ruì qìng yún xiàng fù chéng
河清既表瑞，庆云象复呈。[②]

sì wèi wéi rén hòu yì lǐ jǔ cháo fēn
嗣位为人后，议礼举朝纷。[③]

wáng yáng zhēng yì lì fú kū fèng tiān mén
王杨争益力，伏哭奉天门。[④]

yíng hé jiā qīng zhì yì yì wèi biān méng
迎合加清秩，异议为编氓。[⑤]

① 大内：指皇宫。
② 河清：黄河水清的现象，古人认为是祥瑞。 庆云：五色祥云。
③ 嗣位：继位。
④ 王杨：王元正、杨慎。
⑤ 清秩：清贵的官职。 编氓：平民百姓。

dà lǐ jì yǐ dìng, fú ruì yòu fù xīng
大礼既已定，符瑞又复兴。

jìng shè qiú xiān shòu, jǐn shì táo diǎn zhēn
静摄求仙寿，谨事陶典真。①

hǎi ruì shū zòu shàng, zhī huǐ shàng liú qíng
海瑞疏奏上，知悔尚留情。

yán sōng fù yǔ zǐ, yí rèn sì tān chēn
严嵩父与子，一任肆贪嗔。

zēng xǐ shòu qí dú, jì shèng huò xiāng réng
曾铣受其毒，继盛祸相仍。②

lài yǒu zōu yìng lóng, tán hé zhèng diǎn xíng
赖有邹应龙，弹劾正典刑。

zhì ruò shī kǒng shèng, yì zhǔ sì cháng xīn
至若师孔圣，易主祀长馨。③

dà nèi jīn xiàng huǐ, jǐ shāng ér guā jīn
大内金像毁，给商而括金。④

jì zuò wú yì diàn, fù bān jìng yī zhēn
既作无逸殿，复颁敬一箴。⑤

shù shì yì zú fǎ, bù kě wèi wú chēng
数事亦足法，不可谓无称。⑥

---

① 静摄：静养。
② 继盛：杨继盛。　仍：继续。
③ 易主：明世宗将孔子塑像更为木主牌位。
④ 括：刮。
⑤ 无逸：《尚书》中的篇名。以此为殿命名，意指不贪图安逸。
⑥ 法：效法。

lóng qìng fǔ jí wèi, měi zhèng yóu kě chēng
隆庆甫即位，美政犹可称。

jīng zhōng shì jì shèng, bào gōng zèng shǒu rén
旌忠谥继盛，报功赠守仁。①

jǔ zhí shì hǎi ruì, cuò wǎng lù wáng jīn
举直释海瑞，错枉戮王金。②

shēng lù sǐ zhě xù, shǎng fá zhì gōng xíng
生禄死者恤，赏罚至公行。③

cái gé nèi jú jiàng, què qù jìn xiān líng
裁革内局匠，却去进鲜舲。④

zhǔ dé sì nán yì, jiū zhī dé wèi chún
主德似难议，究之德未纯。

yuàn shè qiū qiān jià, fèi chǐ áo shān dēng
苑设秋千架，费侈鳌山灯。⑤

lǐ fāng zāo gù jìn, yǎng bì zhàng biān méng
李芳遭锢禁，仰庇杖编氓。⑥

zāi yì yí dié xiàn, nán huà fù rén shēn
灾异宜叠见，男化妇人身。

shén zōng chū jiàn zuò, qí nián fǔ shí líng
神宗初践祚，其年甫十龄。⑦

---

① 守仁：王守仁。
② 错：通“措”，放置。
③ 禄：重新录用。
④ 内局：制造、采办宫内物品的机构。 进鲜舲：向京城进贡时鲜的船只。
⑤ 鳌山：用彩灯堆叠而成的山。
⑥ 仰庇：詹仰庇，号巢云居士。
⑦ 践祚：继承皇位。

biàn zhī lóng shī fù zhèng bǐng fù jiāng líng
便知隆师傅，政柄付江陵。[1]

tiān xià wéi jǐ rèn xiàng yè bǐng míng tíng
天下为己任，相业炳明廷。[2]

zhǐ yīn lǎn quán shèng chāo mò huò qí shēn
只因揽权盛，抄没祸其身。

dì xiǎng guó zuò jiǔ fǎ zǔ shí lù chéng
帝享国祚久，法祖实录呈。[3]

jiā jiǎng chóng zhèng xué zēng sì lǐ xué chén
加奖崇正学，增祀理学臣。[4]

bú wèi mí làn fèi bú shàn nán dé zhēn
不为靡滥费，不膳难得珍。

jí hòu kuàng shǐ chū zī màn mín bù níng
及后矿使出，滋蔓民不宁。[5]

hào shèng yǔ hào huò zhāng shū zhòng bìng gēn
好胜与好货，张疏中病根。[6]

wú guài fēn jìn gào niú yáng rén miàn xíng
无怪氛祲告，牛羊人面形。[7]

tài chāng guó zuò cù zài wèi yí yuè cú
泰昌国祚促，在位一月殂。

---

① 隆：尊敬。　江陵：张居正。

② 炳：照耀。

③ 法祖：效法祖先。

④ 加：一写作“嘉”。　正学：指儒学。　理学臣：指孔庙增祀王守仁。

⑤ 滋蔓：滋长蔓延。

⑥ 张：张养蒙。

⑦ 氛祲：不祥的云气、征兆。

suǒ xù wéi mín mìng, kuàng shuì tíng sī xū
所恤唯民命，矿税停斯须。[①]

fā tǎng kào biān zú, qǐ fèi zhèn huáng tú
发帑犒边卒，起废振皇图。[②]

ruò dé xiǎng nián yǒng, shàn zhèng bú shèng shū
若得享年永，善政不胜书。

tiān qǐ hūn yōng jí, rèn yòng wèi zhōng xián
天启昏庸极，任用魏忠贤。

xiǎo zhōng yíng shàng yì, dà è nòng jī quán
小忠迎上意，大恶弄机权。

kè shì xiāng yī fù, biǎo lǐ gòng wéi jiān
客氏相依附，表里共为奸。[③]

dà xiǎo chén zāo rǔ, bù zhī jǐ bǎi qiān
大小臣遭辱，不知几百千。

jiāo zhāng hé dāng è, shǒu fā shì yáng lián
交章劾珰恶，首发是杨涟。[④]

dì hūn yóu bú wù, zhōng jiàn fǎn zhāo qiān
帝昏犹不悟，忠谏反招愆。[⑤]

sī zōng jiǎ shēn biàn, cǐ shí huò yǐ yán
思宗甲申变，此时祸已延。

① 斯须：须臾、片刻。
② 帑：国库里的钱财。　起废：起用前朝因直言获罪的大臣。
③ 客氏：客印月，熹宗乳母，魏忠贤同党。
④ 珰：汉代宦官帽子上的饰物，后代指宦官。
⑤ 愆：罪。

思宗虽丧国，其实一明君。

锄奸夷灭魏，客氏碎其身。①

群凶皆授首，可以慰忠魂。

此时人望治，智勇服深沉。

且虚怀纳谏，宵衣旰食勤。②

只因温阁老，毫无匡救勋。③

饥民乱四起，童谣道得真。

中原无净土，到处血流腥。

满族入华夏，国号称大清。

清代传十主，辛亥遂鼎革。

废除君主制，肇建为民国。

① 魏：魏忠贤。

② 旰：晚。

③ 温阁老：温体仁。

扫码获取

AI 伴学领读员

- 经典朗读书
- 拼音识字课
- 蒙学云书苑